传播学原来很有趣

16位大师的精华课

梁萍 著

COMMUNICATION
IS VERY
INTERESTING
THE ESSENCE OF 16 MASTERS

清华大学出版社
北京

内 容 简 介

本书围绕生活中经常出现的传播学现象，选取了16位享誉世界的传播学大师，把他们的观点以一种通俗易懂而又妙趣横生的方式介绍给读者。

本书以课堂演讲的方式，让每位传播学导师来讲解自己的传播学理论。为了更好地帮助读者理解和应用，所选择的内容均是传播学经典内容，并且多与日常生活关联颇深。本书适合那些对传播学感兴趣，以及想要深入了解传播学经典的读者。

本书封面贴有清华大学出版社防伪标签，无标签者不得销售。
版权所有，侵权必究。举报：010-62782989，beiqinquan@tup.tsinghua.edu.cn。

图书在版编目（CIP）数据

传播学原来很有趣：16位大师的精华课/梁萍著．—北京：清华大学出版社，2021.9（2024.1重印）

（大师精华课系列）

ISBN 978-7-302-58254-0

Ⅰ．①传… Ⅱ．①梁… Ⅲ．①传播学－通俗读物 Ⅳ．① G206-49

中国版本图书馆 CIP 数据核字 (2021) 第 100520 号

责任编辑：刘　洋
封面设计：徐　超
版式设计：方加青
责任校对：王凤芝
责任印制：丛怀宇

出版发行：清华大学出版社
　　　　网　　址：https://www.tup.com.cn，https://www.wqxuetang.com
　　　　地　　址：北京清华大学学研大厦 A 座　　邮　编：100084
　　　　社 总 机：010-83470000　　　　　　　　邮　购：010-62786544
　　　　投稿与读者服务：010-62776969，c-service@tup.tsinghua.edu.cn
　　　　质 量 反 馈：010-62772015，zhiliang@tup.tsinghua.edu.cn
印 装 者：三河市东方印刷有限公司
经　　销：全国新华书店
开　　本：148mm×210mm　　　　印　张：9.5　　字　数：221千字
版　　次：2021年9月第1版　　　印　次：2024年1月第3次印刷
定　　价：89.00元

产品编号：086707-01

序言

　　传播学是一门研究传播与交流过程的学科,从这一概念延伸开来,其包含的意义是非常广泛的。无论是个体传播者间的信息交流,还是通信、媒介方面的内容,都属于传播学研究的范围。

　　从古代的飞鸽传书、烽火狼烟,到现代的无线电话、互联网,人类的通信方式一直在改变,但传播的本质属性却没有变化。通信技术的发展扩展了传播学研究的理论和内容,此前人们在研究传播效果时,所立足的基础是报刊和电视媒介,而现在再来研究传播,互联网和移动终端已经成为最主要的研究对象。

　　传播的过程从人类诞生之初便已有之,

原始社会的人们可以借助肢体、语言和眼神来交流信息，伴随着语言符号的出现，传播的具体形式也随之发生改变。而传播正式成为一门学科，则是从 20 世纪的美国开始的。在 20 世纪四五十年代，传播学正式成为一门新的学科，而我国对传播学的研究则从 20 世纪 80 年代才正式开始。

由于传播是人的一种基本社会功能，所以那些研究人与人之间关系的学科，都或多或少地与传播学存在一定的关联。所以我们可以看到，那些鼎鼎大名的社会学家在传播学领域也建树非凡，许多心理学研究者对传播学领域的受众研究也乐此不疲。

这样看来，传播学似乎处在一个多种学科的交叉点上，各种学科的理论都可以为传播学所用。在此基础上，在众多理论研究者的共同努力下，传播学也产生了许多自身独有的理论，这些理论丰富并完善了传播学的学科体系，使传播学成为其他社会学科所无法替代的存在。

传播学理论和传播学的理论研究者正是我们在这本书中要重点介绍的内容。作为一本传播学入门图书，在内容架构上，我们立足于理论介绍的宽度和广度，而在理论深度上进行了一些取舍。传播学主要对大众传播、组织传播、人际传播等内容进行研究，不同的理论研究者对这些内容有不同的阐述，在本书中，我们所呈现的就是传播学大师们的理论内容。

在内容呈现形式上，我们选择让大师们"自己来说"，在阐述自己理论的同时，大师们还会结合当前社会现实进行例证分析。这种例证和理论的结合会让每一节课变得更为有趣，也可以让读者更好地将传播学理论与现实事件相联系。理论学习的目的是指导实践，这也是本书写作的初衷之一。

想要用一本书将传播学所有重要理论囊括其中并解释透彻，

显然是不现实的,因此我们主要选取了十六位大师,并节选了他们的一些代表性理论。为了满足读者获取更多传播学理论的需要,在每位大师的课程中,都会有相应的内容介绍,读者可以通过介绍了解大师们所讲述的具体理论,从而进一步了解大师们的完整理论架构。

当然,将这些大师们的理论精华融汇在一本书中,用深入浅出的方法讲述给读者,并不是一件容易的事情。在写作过程中,由于作者个人能力所限,可能会存在一些疏忽和错误,希望读者多多指正。

引言

　　新学期，新气象，对于这一届新闻传播学专业的新生来说，一个最大的变化在于他们的传播学课程不再由专业教师授课，转而采用智能交互式课堂教学。简单来说，学生们可以通过智能穿戴设备，与那些历史上的传播学大师互动交流，聆听大师们的精彩讲述。

　　对于阴差阳错进入新闻传播学专业的马鹏伟来说，保证学分不挂科是底线也是目标，底线意味着坚决不能挂科的决心，而目标则意味着想不挂科还需要很大努力。这种异常复杂的情况，让他既想自由地享受大学时光，也时刻告诫自己，必要的课程还是要认真学习的。

　　对于新闻传播学专业的必修课"传播学概论"，马鹏伟并没有太大兴趣，只是对新学期的教学方式颇感新奇。正相反，他的女朋友卢方娜却对传播学情有独钟，被调剂到图书馆学专业的她不仅对传播学新的教学方式感兴趣，更对它的诸多理论如数家珍。

卢方娜对图书馆学专业的课程内容提不起一丝兴趣，反而对新闻传播学专业的课程内容格外好奇。她既有成为新闻主播的目标，也有进入传媒行业的底线，目标意味着需要付出极大努力，而底线则是她当前为未来定下的唯一方向。

她的第一步计划是转专业，而想要做到这一点就要首先将本专业的课程学好，拿到足够优秀的成绩后，才能去申请转专业。在学习本专业课程的同时，卢方娜还打算去学习一下传播学课程内容。这样一来，即便马鹏伟不想去上课，也只得在女友的"威慑"下，乖乖去陪读。

可能是出于对新型智能设备的好奇，也可能是出于对传播学大师们的好奇，大一新生正式上课的第一天，智能交互课堂外就挤满了学生。由于学生们的踊跃报名，在必修课之外，学校还开通了这门课程的选修课，所有报名的学生，都有机会参与到这一课堂之中。

由于被安排在第一堂课，卢方娜和马鹏伟早早来到课堂外等候。在给维持秩序的老师看过学生证完成签到后，两人迅速进入教室找到一个相邻的座位坐好。

在每个座位旁边都配置有一套头戴式智能设备，内置 AR 眼镜、耳麦和麦克风功能，使用者佩戴后可以看到可视化影像，并能够与之交流互动。教室内的所有设备连接在一个统一的终端上，所以大家看到的影像也是统一的。

在教室内坐满人后，课堂外面的学生们依然不愿离去，就这样，新学期的第一堂传播学课开始了。

第一章
威尔伯·施拉姆导师讲"大众传播" / 001

第一节　走入大众传播之门 / 002
第二节　传播途径：谁同谁谈话 / 007
第三节　如何让受众点击你的文章 / 012
第四节　过度沉迷手机的"潜在效果" / 017
第五节　如何让大众媒介"负起责任" / 022

第二章
沃尔特·李普曼导师讲"公众舆论" / 027

第一节　"媒介真实"可能并不真实 / 028
第二节　每个人都会有"刻板成见" / 032
第三节　公众很难形成正确的舆论 / 037

第四节　谁能来拯救公众舆论　/　042

第三章
库尔特·勒温导师讲"把关人"　/　047

第一节　网络中到处都是"守门人"　/　048
第二节　新时代"把关"更难了　/　052
第三节　人人都有"气场"　/　056
第四节　换个环境去影响你的受众　/　060

第四章
保罗·F. 拉扎斯菲尔德导师讲"传播效果"　/　065

第一节　选战宣传的"传播效果"调查　/　066
第二节　很遗憾，大众媒介影响不到选民　/　070
第三节　人际传播的作用要大于媒介传播　/　075
第四节　一个KOL的自我修养　/　080
第五节　谁在影响大众传播的效果　/　085

第五章
哈罗德·D. 拉斯韦尔导师讲"传播的结构与功能"　/　091

第一节　定义传播学的本质结构　/　092
第二节　大众传播都能帮你干什么　/　097
第三节　用口号是怎样打赢战争的　/　101
第四节　掌握技巧让你的宣传更具艺术性　/　105

第六章
卡尔·霍夫兰导师讲"传播与说服" / 111

第一节　传播如何才能产生效果 / 112
第二节　什么人容易成为说服者 / 116
第三节　如何表达有争议的问题 / 120
第四节　卖点的宣传顺序很重要 / 124

第七章
马歇尔·麦克卢汉导师讲"理解媒介" / 129

第一节　媒介即讯息 / 130
第二节　媒介是人的延伸 / 134
第三节　"热媒介"与"冷媒介" / 137
第四节　"地球村"是怎么来的 / 141

第八章
梅尔文·L. 德弗勒导师讲"媒介依赖" / 147

第一节　你是不是一个"媒介依赖者" / 148
第二节　大众传播的"魔弹理论" / 152
第三节　"兴趣推荐"究竟在推什么 / 155
第四节　传播过程模式是个复杂系统 / 159

第九章
罗伯特·艾兹拉·帕克导师讲"媒体如何影响公众" / 163

第一节　刷微博的乐趣在哪里 / 164
第二节　传播是社会的中心 / 167
第三节　"边缘人"与移民同化问题 / 170

第十章
丹尼斯·麦奎尔导师讲"受众分析" / 175

第一节　受众都有谁 / 176
第二节　积极主动的才是好受众 / 180
第三节　好评为什么要返现 / 184
第四节　受众更有力还是媒介更无力 / 188

第十一章
加布里埃尔·塔尔德导师讲"公众、群众、舆论" / 193

第一节　公众是一群精神联结的个体 / 194
第二节　舆论是一种评论 / 198
第三节　IP剧是如何火起来的 / 202
第四节　每个人都可以成为精英 / 206

第十二章
斯图亚特·麦克菲尔·霍尔导师讲"文化表征理论" / 211

第一节　传播是个商品流通的过程 / 212
第二节　受众的三种解码立场 / 215
第三节　表征与文化 / 219
第四节　传播学研究中的"批判学派" / 222

第十三章
乔治·格伯纳导师讲"电视教养理论" / 225

第一节　每个人都在被大众传播影响 / 226
第二节　互联网媒介的"共识"作用 / 229
第三节　大众传播特定倾向性的形成 / 233
第四节　为什么流量明星这么火 / 237

第十四章
菲利普·J. 蒂奇诺导师讲"知识鸿沟理论" / 241

第一节　《芝麻街》的失败 / 242
第二节　我们是如何一步步落后的 / 245
第三节　"知识鸿沟"能被填平吗 / 249
第四节　信息社会中的贫富差距 / 253

第十五章
伊丽莎白·诺埃勒-诺依曼导师讲"沉默的螺旋" / 257

第一节　少数意见与多数意见 / 258
第二节　无处不在的"沉默的螺旋" / 261
第三节　"意见环境"影响舆论 / 264
第四节　怎样才能跳出"沉默的螺旋" / 268

第十六章
马克斯韦尔·麦库姆斯导师讲"议程设置理论" / 273

第一节　大众传播的议程设置 / 274
第二节　为什么我们会多次看到相同的新闻内容 / 277
第三节　政府需要借助传媒来推广宣传 / 281
第四节　议程设置功能并不是万能的 / 284

参考文献 / 289

第一章
威尔伯·施拉姆导师讲"大众传播"

在本章中,威尔伯·施拉姆导师将带大家走入大众传播学的大门,作为传播学理论的集大成者,施拉姆导师将从大众传播的概念、途径、潜在效果和媒体责任等角度展开自己的课程。

威尔伯·施拉姆

(Wilbur Schramm,1907年8月5日—1987年12月27日),美国著名传播学者。其一生著述颇丰,编写了近30部理论著述,他不仅是美国传播学的主要奠基人,同时也是传播学领域的集大成者,被誉为"传播学之父"。

他建立了第一个大学的传播学研究机构,编撰了第一本传播学教材,同时也是第一个获得传播学教授头衔的人。作为毕生致力于研究传播学的学者,施拉姆对传播学这一学科的建立做出了重大贡献。

第一节　走入大众传播之门

在学生们都穿戴好设备，安静就位后，一位英俊帅气的年轻男子走入大家的视野。对于稍有些传播学知识积累的人来说，男子的面孔并不陌生，他正是传播学学科的主要奠基人威尔伯·施拉姆教授。著述颇丰的他将会在接下来的四节课中，为大家讲解他对传播的看法和认识。

"大家好，很高兴在这里与大家相遇。作为为大家讲述第一堂传播学课程的导师，我很荣幸，同时也有些困扰。我有很多传播学的知识想要与大家分享，但鉴于时间有限，我只能略作筛选。由于是大家的第一堂传播学课程，在这里我主要为大家讲解一些大众传播的入门内容。"施拉姆导师略显拘谨地说道，"现在，我想先问大家一个问题，当我们在使用'传播'这个词时，我们说的究竟是什么？"

大多数传播学课程在最初可能都会讲解这一内容，但想要精准定义"传播"这一概念，其实并不容易。至少从传播学历史发展的进程来看，许多传播学大师都给传播下过定义，我们无法确定哪些定义是对的，哪些定义是错的，似乎哪一个都能自圆其说，所以施拉姆导师所提问题的答案也是开放性的，并没有什么标准答案。

听到施拉姆导师的提问，许多同学举手示意要回答问题，施拉姆导师选择了一个胖胖的同学。

"我觉得传播与传递很相似,只不过传递可能更注重物质实体,而传播更偏重于信息之类的内容。从这个角度来看,研究传播应该主要研究信息是如何在人与人之间传播的,在传播过程中这些信息发生了哪些变化,信息的传播造成了哪些结果等内容。"胖胖的李文文胸有成竹地说道。

在李文文之后,还有一些同学说出了自己的答案,施拉姆导师一一给予了评论,在一番讨论后,施拉姆导师收回话语权,开始了自己的讲述。

"在大家给出的众多答案中,我对于第一位同学的答案印象比较深刻,我认为传播是分享信息,这是一种关系,也是一种分享的活动,而不是一个人对另一个人施加的行为。简单来说,传播应该是双向的。

"社会学家查尔斯·科利认为,传播是人类关系赖以存在和发展的机制,是一切智能的象征,以及通过空间传达和通过时间保存它们的手段。我比较认可这一观点,我认为传播应该是对一组信息符号意向的分享。

"社会是各种关系的综合,在这些关系中,有一些信息是相互共享的。人类传播是人所进行的某些事情,这些事情本身并没有什么特别的,是传播关系中的人让它们产生了意义。信息本身也没有意义,赋予它们意义的是人类。因此我们在研究传播时,也需要去研究人,去研究人与人的关系。想要了解人类传播,就要了解人类是如何建立起联系来的。

"两个或两个以上的人聚在一起,他们想要去分享某种信息,由于他们的生活经验和阅历不同,他们所携带的信息标志也会有所不同。反过来,他们在理解彼此信息时,也可能会有所不同。尤其是处于不同文化语境中的人们,在理解彼此分享的信息时,显然会出现不小的麻烦。

"当然,传播并不都是依靠语言来进行的,上面我们所说的信息也不止有话语,一个手势、一种面部表情、一种声音的语调、一个信号灯标志,这些都蕴含着信息。我们在理解传播时,需要将其置于一定的社会关系之中,在使用和解析信息时,需要借助这种社会关系。其中最典型的传播形式就是传播者和接受者的双向关系。

"在这种双向关系中,传播者和接受者被社会环境联结在一起,同时也被他们个人的知识和价值观的共识部分所联系,只有在这种关系中,他们才能够共享信息。"施拉姆导师似乎是口干了,说到一半突然停了下来。

上面所讲的这些内容,主要是施拉姆导师对"传播的循环模式"理论的阐述,其所强调的主要是社会传播具有互动性,传播双方都是传播行为的主体。但仔细来看,这一理论缺少对传播者和接受者地位差别的分析。在很多传播过程中,传播者与接受者的地位实际上是不相同的,所以这一理论并不适合大众传播过程。基于这一点,施拉姆导师又提出了一个新的传播过程模式,即大众传播过程模式。

"上面我讲到的内容可能偏离了本节课的主题,但作为一个基础知识的铺垫,大家也有必要了解一下,现在我们开始正式进入大众传播内容的讲解。大众报刊的出现可以看作近代大众传播出现的标志,自此之后,越来越多新的媒介形式出现,开始丰富并发展大众传播的内容。

"从定义上看,大众传播被认为是专业化的媒介组织使用先进的传播技术和产业手段,以社会上的一般大众为传播对象,进行的信息生产和传播活动。对此,我总结了一种大众传播的过程模式，这一传播过程模式主要包含以下几方面内容。

"第一，当大众传播媒介在接收到信息源所发出的信息后，需要经历译码者、释码者和编码者的加工和整理，随后这些信息才会变成可以被传播的符号或讯息。新闻的采编播过程所完成的正是这一工作。

"第二，信息的接受者大多属于一定的社会群体，他们在接受和传播这些信息时，往往会受到群体成员的影响。在这一传播过程中，信息传播是双向的，每一个接受者同时也是一个传播者。

"第三，信息在群体中传播时，往往会经过个性化的解释和加工。而当信息接受者们接到信息后，也往往会给传播者发出相应的反馈信息。这一点放在现在很好理解，当我们向朋友转述信息时，很少会原封不动地叙述信息内容，而多会或多或少地加入自己有感情的叙述。

"第四，在传播过程中，传播者和接受者都扮演着译码、释码和编码者的角色。这一点结合前面我所将讲的传播过程是双向的、相互联结的会更好理解（如图1-1所示）。

"上面的这些论述就是我所总结的大众传播过程模式，在这一传播过程模式中，信息的传播者和接受者是可以相互转化的，这是较为重要的一点。"短暂停顿后，施拉姆导师又展开了一大段论述。

听着施拉姆导师的精彩讲述，课堂上的同学们都若有所思，但又似乎都没弄明白大众传播究竟是怎样一回事。

"我可以将您所介绍的大众传播过程模式理解为在视频网站上看电影，同时还不停发弹幕发表自己的看法吗？理解了这一点对我们有什么作用呢？"一位瘦高的男同学举手示意，提出了自己的疑惑。

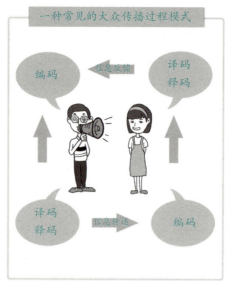

图 1-1　大众传播过程模式

"在进行判断之前,你需要从上面我提到的几方面内容去着手考虑。你提到这个行为中有社会媒介,有信息的传播者和接受者,存在信息的反馈,这正是一个大众传播的过程。而你若问这种大众传播对你个人有什么作用,我觉得可以这样来理解。"施拉姆导师说完这段话停顿了片刻,然后又开始继续说道。

"我们可以将大众传播作为个人的雷达,既可以从中观察有什么新鲜事物出现,也可以去寻求与周围的社会关系产生关联。它还可以作为我们自己的管理工具,帮助我们做出决定,也可以用来说服和操纵别人。反过来,它也可以作为别人说服和操纵我们的工具,这一点是我们必须要认清的。很多时候,社会媒介所释放出的信号,在潜移默化地塑造我们,影响我们,长此以往我们都将成为他们期待的样子。

"当然,我们还可以从传播过程中获得大量的娱乐享受,在视频网站上看电影,无疑是一个不错的娱乐享受。这是大多数时刻我们可以感知到的传播的功能,绝大多数人都对这一点乐此不疲,这看上去很不错,但依我来看并不太好。"

解答完学生的问题,施拉姆导师结束了自己的第一堂课。在这堂课中,施拉姆导师介绍了传播的循环模式以及大众传播过程模式,同时还对传播应用于个人的功能进行了简要论述,其内容可谓丰富。但从下课后学生们的交流和表情来看,大家似乎更多将注意力放在了先进的智能设备上。

第二节　传播途径:谁同谁谈话

"在上一堂课中,我主要介绍了一些传播学的入门内容,由于时间有限,各个理论都没有太过深入地探讨。所以从这堂课开始,我们只围绕一个传播理论来展开讨论,同学们如果有问题,也可以多多提问交流。"施拉姆导师可能是意识到了上一节课中理论介绍过多,深度讲解不足的问题,打算在这一堂课中对某个理论进行详细讲解。

这对于想与施拉姆导师探讨交流的卢方娜来说,自然是得偿所愿,从她的表情里就能看出这一点。而对于马鹏伟来说,这似乎并没什么太大的意义,他依然认为只要守住自己的底线就好。

"这一节课我们主要来讲传播途径的问题,在正式开讲之前,大家先拿出纸和笔,尽可能多地写出从小到大与你有关的人的名字。大家有五分钟时间来完成这一工作。"施拉姆导师要求道。

虽然对施拉姆导师的要求感到不解,但学生们依然按照导师的要求认真写了起来。当然,认真的人中并不包括马鹏伟,从上帝视角来看,他正在一遍又一遍地写着女友的名字,他可能打算写满五分钟时间,或写满整张纸为止。

"好!时间到了,大家可以停下手中的笔了。现在请大家仔细观察纸上的内容,这是不是可以看作一张我们自己平生经历的关系图?大家在每一个曾经居住、学习和工作的地方,都记下了一个又一个名字。在大家居住时间最长的地方,在与大家最重要的关系方面,大家记住的名字最多,也最清晰。而在停留时间较短,相隔较远的地方,我们记住的名字也会相对较少。

"毫无疑问,家中亲属的名字应该都会出现在大家的名单中。剩下的应该还会有邻居、同学、老师的名字。在这五分钟时间里,大家应该写下了不少名字,如果时间继续延长,大家的名单一定会列得更长,但即使在单子上写下几百个名字,也依然会有所遗漏。还有数以百计的人曾与大家有过交流,但他们的名字,却早已被忘记。"说到这里,施拉姆导师有意停顿了片刻。

这难道是传播途径带来的影响?是否可以引申为我们对不同传播途径中获得的信息的记忆程度是有限的,然后通过选择传播途径加深对信息的记忆能力?这是一种新的记忆方法吗?一系列天马行空的疑问在卢方娜脑海中涌现,她似乎已经跳出课堂,她的思绪飘到了很远的远方。

"不知道大家有没有将自己的姓名写在纸上,我们在一些时候也会自言自语,与自己交流,这也是一种传播活动。很多时候,这种传播活动恰恰是我们的经历中占据时间最多的一种。由此可见,我们可以通过名单上的姓名,轻松勾画出自己的传播联系图。

"我们会与自己交流,与亲人交流,与同事交流,与只有一面之缘的人交流,这些都是我们的传播联系。由于个体的独特性,每个人的传播联系方式也会有所不同,有的人喜欢经常与邻居交流,有的人则鲜少会与邻居说上一句话。"施拉姆导师提出了一个有趣的观点。

"老师,传播联系方式是不是就是我们的传播途径,认识这些传播途径对我们来说有什么用呢?"卢方娜按捺不住内心的疑惑,提出了自己的问题。

"如果按照循序渐进的讲述方法,在解答你这个问题前,我们还有至少两个问题要讲。既然你提出了这个问题,而我们又确实没有时间讲述过多的内容,那么我就直接来解答你这个问题,同时为大家讲述一些实用性的内容。

"以我们为中心,可以构筑起一个复杂的传播联系网络,我们的所有传播活动都需要通过这些网络线路来进行。最近的线路往往通向与自己最亲近的人,而更远的线路如手机、互联网,可以让我们的传播活动通向更远的地方(如图 1-2 所示)。

图 1-2　大众传播网络

"如果仔细整理这些传播联系网络，我们可以将其分为每天均衡有度的信息交流，和一些不定时发生的特殊信息交流。前一种信息交流包括每天与人打招呼问好、向领导汇报工作、观看新闻联播等内容，而后一种信息交流更多的是遇到一些突发事件所触发的某些特殊活动。

"关于这种突发事件所带来的某些特殊活动，同学们是否能举出一些例子？"正在有条不紊地叙述的施拉姆导师突然发问，原本安静的课堂刹那间寂静无声了。

"如果现在课堂中我旁边的同学不停地咳嗽，严重到被救护车拉走，教室中的同学便都会去关切地询问他的情况，即使之前这个人并没有存在感，大家也很少与他打招呼。如果医生说这位同学的咳嗽是一种传染性疾病，那大家除了关心他之外，可能还会去医院为自己做一次检查，这应该算是突发事件带来的特殊传播活动的影响。"马鹏伟的回答虽然遭到了身边同学的白眼，却得到了施拉姆导师的赞扬。

"没错，传播活动就是这样，它会沿着传播联系网络流向各种地方，而这位同学则揭示了它可以预告危险来临的作用。顺着这个例子，我们可以将传播途径分成两种形式：一种是为了维持社会一般水平功能所需的形式；一种则是应对社会挑战和严重问题所需的形式。

"我们生活在传播的海洋之中，可以从中获取自身生存所需的信息，但同时信息传播过量也会为我们带来不少困扰。睡觉时不停响起的信息提醒，工作时不断传来的文件信函，这些过量的信息传播会让我们感到不舒服。反过来，过少的信息传播也会让我们感到不适，因为这样我们就没法与外界产生联系。

"在大多数情况下，我们会根据自身的需要去选择信息传播途径，这种需要可能是习惯、方便或出于某种巧合。从现在来看，如果大家想要听几首最新音乐，很少有人会再将磁带放入播放器中，而是打开手机在特定软件中搜索即可。在选择这种传播途径时，大家既考虑了传播的媒介，也考虑了传播的信息内容。"施拉姆导师继续说道。

"老师，把这个结论放在个人身上，是不是就是说每个人都要根据个人的需要去选择传播途径，而选择不同的传播途径会产生不同的效果呢？"卢方娜似乎理解了施拉姆导师所讲的内容，并提出了自己的观点。

"你这样说并没有错，举个例子来说，我现在生病了，肚子疼得厉害，如果我想知道自己得的是什么病，那去医院询问医生无疑是最佳途径。当然我可以选择的途径有很多，借助于发达的科技，我可以通过手机来搜索病症，通过医学书来查找病状，或者在互联网上直接咨询医生。但在众多途径中，亲自到医院让医生诊察一下，无疑是最好的选择。

"当然，传播途径是否容易获得还需要考虑诸多因素。在上面的例子中，如果我居住在深山之中，方圆百里没有医院，手机也没有信号，那通过医书来查找病状无疑是最好的选择。因为其他途径在这里都是无法实现的。"施拉姆导师回应道。

"老师，按照您的这一理论，如果我想要向女同学表白，需要选择哪种途径呢？"马鹏伟不失时机地在施拉姆导师继续讲述之前提出了这个问题。施拉姆导师面带微笑地看着马鹏伟，课堂中的同学则一脸坏笑地将目光投射在他的身上。

"你这个问题并不难回答，向女同学表白的途径有很多，至于要选择哪种途径，这完全取决于你的需要。正如我前面说的一样，你需要根据自己的需要去选择传播途径。表白可选择的途径多种多样,但如果你要求婚的话,我建议还是面对面的最好,而且还要在最有利的情况下去面对面地谈。这是理论精华,也是经验之谈。"施拉姆导师的回答让课堂之中充满了学生的欢笑。待大家安静下来之后,他继续开始了自己的讲述。

"其实有很多因素都在影响人们对信息途径的选择,有的人是因为客观条件、经济原因所限,有的人则是出于传统文化的制约。信息传播途径越多,人们就越容易获得更多信息,这也是各种媒体不断更迭发展的原因。

"在未来,毫无疑问我们将更容易选择信息传播途径,但在这之前,我希望在座的各位能够对不同途径中信息的真实性多做考量。信息传播途径会不断增多,但信息的真实性会因之而增加吗?这个问题作为课后思考题,还请大家多多思考。"

第三节　如何让受众点击你的文章

马鹏伟宁可被点名,也不想去上每天的第一节课,但卢方娜的"叫起服务"是他不敢拒绝的。在听了两节施拉姆导师的传播学课程之后,马鹏伟依然没有提起对传播学的兴趣,但既然答应了女朋友一起去上课,他只得迅速起床,飞奔向课堂。

这一次施拉姆导师要讲的内容是"如何让受众多点击你的文章",这是知识付费平台最常见的标题,如果想要卖课,直接戳中受众痛点是最好的营销方式。

"我在研究过程中发现,有一些因素对受众选择大众传播节目具有决定性的影响,它们与受众选择存在着一定的关系,我将其总结为'选择的或然率＝报偿的保证／费力的程度'。

"通过这个公式，我们可以看出影响受众信息选择的决定性因素有哪些。这里的'报偿的保证'是指传播内容满足选择者需要的程度，而'费力的程度'则是指得到这些内容和使用传播途径的难易状况。"施拉姆导师又开始了一本正经的理论讲述。

马鹏伟不喜欢这种理论教育，不但缺乏实用性，还徒增考试重点，于是他高高举起双手，待导师许可后站了起来。

"老师，您能用一些通俗、实用，与我们当下生活更为贴切的言语来解释这些内容吗？"马鹏伟的提问吸引了在场听众的注意，虽然大家心里都希望这样，但他们眼神中表现出来的是对这个提问的不屑。这让马鹏伟感到无奈，但也无妨，他并不在乎在场这些人的感受，他只想自己听明白些。

"相比于前面我们讲述的两个理论，这一理论更贴近你们当下的生活，那么下面我就用你们比较熟悉的内容来详细讲述一下这个理论。"显然，施拉姆导师也有这方面的打算。

"首先，我有一个问题要问大家。在当下，你们在获取信息时，会优先选择哪种传播媒介？"

施拉姆导师的问题并不难回答，现场有许多同学举起手，表现出跃跃欲试的意愿。

"我比较喜欢用手机在网上直接查找信息，不仅速度快，而且内容多样，种类齐全。"胖胖的李文文回答道。

"我更喜欢去图书馆查阅图书，尤其是在写论文时，很多数据内容需要足够准确，现在网上的信息有些是不准确的。"林凯回答完问题，还不忘向上推了一下自己的黑框眼镜，虽然这个眼镜并没有镜片。

"很好！你们的答案我很满意。当我们在选择信息获取途径的时候，大多数人会选择最能够满足自己需要的途径，如果出现了两个同时满足自己需要的途径，我们则会选择更方便获得的那个途径。无论是选择信息内容，还是选择信息传播途径，这个结论都是成立的。

"这时候我们再来看第一位同学的回答，她提到了通过手机上网查找信息的速度很快，这便是上面公式'费力的程度'中的内容，而她所提到的内容丰富多样，则是'报偿的保证'范畴里的内容，因为内容多样，她才更容易获得满足自己需要的内容。

"来看第二个同学的回答，他提到自己喜欢去图书馆查阅图书，因为他所追求的是内容的准确性，这就是他自己的需要。那么现在我有一个问题要问这位同学，你难道不觉得每天去图书馆查阅图书不方便吗？"

听了施拉姆导师的提问，林凯站了起来，扶了扶镜框说道："不方便去图书馆的时候，我一般会查阅电子书籍，我在阅读器上买了很多电子书，这些书比纸质书便宜，携带、查阅也比较方便。"

听完林凯的回答，施拉姆导师脸上像是笑开了花，显然他得到了自己最想要得到的答案。

"没错，这位同学提到了电子书籍。相比于纸质书，电子书的优势是什么呢？便携、查阅方便，没错，这也是我们提到的'费力的程度'的问题。

"下面，我们再从这个公式整体来谈谈。这个公式告诉我们，当一种信息（或途径）让受众的满足程度越高，费力程度越低时，选择的或然率就越高，受众就越容易选择它。由此我们可以得出一个结论，那就是受众选择去接触哪种媒介来获取信息，是一个主观评判的过程，他们需要综合考量上述两方面内容，从而得出综合结果。"施拉姆导师话音刚落，一位身着西装的中年男子便站了起来（如图 1-3 所示）。

图 1-3　不同的信息获取途径，不同的费力程度

"您好，我是'迷离'，现在公众号粉丝 1000 万+，主打轻心灵、情感类文章……请问，您说的让受众更多地点击我们的文章，具体要怎样操作，投入大概在多少？"西装男子在进行了一长串的自我介绍后，终于问出了这节课的主题内容。即使他不在此时提问，施拉姆导师接下来马上也要讲述这个问题。

"想要让受众更多点击我们的文章，其方法就在这个公式中，我们需要操作的就是满足公式中的两个因素。

"首先来说'报偿的保证'，只有你的内容能够更好更多地满足受众需求，那受众才可能会选择你，来点击你的文章。

"举例来说，在场的各位中应该有不少熬夜追剧的，是什么原因让你们愿意没日没夜地看那些电视剧呢？学习的时候怎么没看你们不分昼夜呢？答案很明显，电视剧的情节满足了你们的需求，学习能满足你们什么需求呢？在你们看来，学习完全满足不了自己的需求。"施拉姆导师笑着比喻道。

施拉姆导师的比喻引发在场学生阵阵欢笑。在马鹏伟看来，这种解释不仅利于理解，更能引起大家的兴趣，他自己也在不知不觉中变得更加聚精会神了。而身旁的卢方娜也在一边笑着一边做笔记。

"下面来说'费力的程度'。当你把内容送到受众眼前时，他点开文章阅读的可能性会更高。这里面涉及的条件可能会稍多一些，其主要包括内容传播渠道的普及程度、阅读内容所需要的技能和设备，以及阅读步骤等。

"举例来说，前面提到的电子书在阅读时需要智能移动终端。在我们那个时代，这可能是天方夜谭，在内容传播渠道、阅读设备方面都存在较大不便和限制，但在你们这个时代，这些条件都具备了。不过在阅读内容所需的技能方面，如果不懂操作智能设备，还是会存在较多不便。

"上面就是今天我要讲解的全部内容，这是我多年研究的经验所得。由于我所处的社会环境与你们当前的社会环境存在较大差异，这一内容的应用需要具体问题具体分析。

"传播学就是这样，其虽然问世稍晚，但却是始终在变化发展的，不同的时代会涌现出不同的传播学理论，这些理论就蕴含在我们的日常生活中，各位需要做的就是发现它们，并利用它们，让生活变得更加美好。"施拉姆导师总结道。

第四节　过度沉迷手机的"潜在效果"

"看到课程标题时,大家脑海中应该会把'沉迷手机'当作重点,事实上,我并不能帮助大家解决沉迷手机的问题。但我们可以在更深层次上讨论一下传播效果问题。"施拉姆导师竟然也变成了"标题党",想要依靠噱头来吸引眼球。当然即使不提这种标题,来听课的同学也不会少。

马鹏伟从上节课开始对传播学与现实生活之间的结合产生了浓厚的兴趣,虽然他知道生活中处处蕴含着传播学的内容,但真正将理论与现实对照后,确实发现了一些比较有意思的东西。马鹏伟开始逐渐放下底线,朝着目标进发了。

"谈到传播效果的问题,不得不谈传播效果模型,在传播学发展的这些年时间里,传播学家们提出了各种各样的模型,但时至今日,我们依然在寻找最为有用的模型。

"关于传播效果理论,相信我后面会有导师详细讲述,我在这里主要想介绍大众媒介的潜在传播效果。简而言之,就是大众媒介是如何一点一点影响我们的生活的。"施拉姆导师停顿了一下,似乎是想提什么问题,但又放弃了这个打算。

"我这里有一些调查数据,放在现在可能早已过时,但我觉得大家可以借此推及自身,深入思考一下。

"在 1979 年时,美国百分之八九十的家庭已经拥有了电视机,而这些电视机每天会有 7 个小时都在开着。这样算来,这些电视机每年会开 2500 小时以上，相当于 100 多个日夜。如果一个人这样生活 10 年，那相当于有 3 年时间他都在看电视。当然，电视机开着并不意味着一直有人在看，但就算人们每天看三四个小时，一年 365 天的总时间花费也是相当可观的。

"这个数据看上去很惊人，其实不止在美国，根据研究表明，日本儿童看电视的时间要比美国儿童还多。欧洲一些国家看电视的人数会稍少于美国，但整体数字也是较高的。而第三世界国家在这一时期由于电视机的普及程度较低，这一数据也会更低一些。

"但现在又如何呢？现在在座的各位可能对看电视并不感兴趣，甚至连电脑也不怎么经常使用了。但手机呢？你们每天使用手机的时间大概有多少呢？"施拉姆导师在论述之后向同学们抛出了一个问题。

施拉姆导师将话题从 1979 年的电视机观看量转到了 2019 年的手机使用率，这个问题并不难回答，但仔细思考后会发现，结果确实让人吃惊。施拉姆导师挑选了几位同学回答自己的问题。

"一天都在使用手机啊！当然，上课的时候不用。"林凯回答道。

"现在基本上都是手机不离身吧，早上、中午和晚上用得比较多。"李月婷回答道。

"我会有意控制自己去玩手机，虽然考研准备要从大三开始，但我会有意减少玩手机的时间，省得在学习的时候控制不住自己。但由于社团活动比较多，手机的使用还是比较频繁的。"胖胖的李文文回答道。

听了同学们的回答，施拉姆导师似乎非常满意，这些答案正是他想要的。接过同学们的回答，施拉姆导师继续讲了起来。

"我们曾经花费大量时间去研究我们这个时代的人花费在看

电视上的时间，但却只花了较少时间去研究因为看电视占据时间，从而让我们无法去做的事情。当然，现在看电视这项活动已经转变成了刷手机，虽然形式变了，但我们都会因此付出一定的代价。

"都有什么代价呢？可能我们会因此晚睡30分钟，可能会因此少与朋友交谈10分钟，也可能因此失去30分钟的读书时间、做家务时间。我们将如此多的时间用在刷手机上，其产生的效果往往是隐性的。它让我们不再想去做其他事情，而将它作为一项需要花费3个或4个小时去做的事情。"

"这就是大众媒介的潜在效果吗？但如果我确实有这3个或4个小时的时间通过刷手机，我同样可以与朋友们交流、获取新的知识、了解时事新闻，这与看书和上课的效果不是一样的吗？我们透过手机这个窗口了解外面的世界，这不是现代唯一的选择吗？"在施拉姆导师讲述的间隙，卢方娜起身提出了自己的疑惑。

"没错，你的论述很正确，你似乎喜欢通过比较价值的方式来做出判断，而你的结论也似乎无懈可击。可是，世界太大了，我们不仅需要窗子，而且需要一台智能化的望远镜，手机确实承担了这个角色，但上面我所提到的只是大众媒介的直接效果，下面我将会为大家介绍它的潜在效果。"施拉姆导师回答了学生的问题，并引出了自己新的论点。（如图1-4所示）

"正如这位同学所说，手机为我们提供了一个窗口，我们可以借此去获得各种各样的外界知识。实际上，一个事件或一个知识离我们越远，我们就越要借助大众媒介去获取。如果想要知道自己家的狗狗更爱吃哪种狗粮，那只要问一问每天喂狗的妈妈就可以了，这种事情是不需要大众媒介的。因为相比于大众媒介，妈妈给出的答案肯定更为可靠。

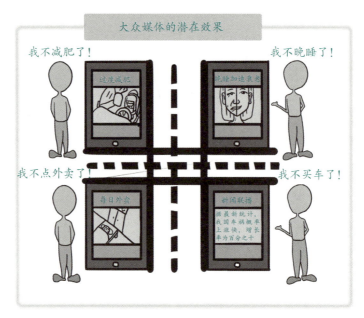

图1-4 大众媒介的潜在效果

"一些学者曾研究过人们是通过哪种途径来获得选举结果信息的,在我们那个时代,报纸是主要渠道,电视则排在其次。似乎是在1961年调查时,电视第一次超过报纸,成为'最可信任的'媒介,而到了现在,互联网大有取代电视占据首位的趋势。实际上,互联网和移动终端已经成为人们最信任的大众媒介了。

"但是,你在电视新闻中看到的内容,就一定是真的吗?新闻传播相关专业的大家应该不会这样天真,认为大众媒介中的一切都是真的,但问题在于,还有很多的儿童和成年人因为缺少这方面的理解,而依然相信自己从大众媒介中看到的一切都是真的,这听起来不够可怕吗?"施拉姆导师谈到这里,似乎产生了一些情绪,他稍稍平复了一下,继续讲了起来。

"我们没办法因为这样的原因,就把孩子了解世界的窗子关上，我们需要通过大众媒介扩大自己与孩子的认知和眼界。另外，我们还需要担心大众媒介给孩子看到的是何种世界、何种行为，它们是在以什么标准来为窗子里的我们传递信息，它们所传递的真实是事件的真实，还是它们自己的真实。这才是真正让人害怕的地方。

"当儿童日复一日，年复一年地收看、阅读、倾听大众媒介传来的信息时，很多效果不会立刻显现，但他们成年后的生活一定会带有这些效果的影子。我们将这些称作'潜在效果'，它并不是我们刻意寻求的，也不会立刻显现，但其影响力量却是异常强大的。"施拉姆导师停顿片刻，准备进行最后的总结论述。

"您说的这些效果，有什么具体的现实事例可以解释吗？这样我们可能会更好理解一些。"林凯似乎对施拉姆导师的理论仍有不解。

"如果让我做个比喻，我会把这个效果比作岩洞中的石笋，含有石灰质的水滴不断滴在上面，每滴水中的沉淀物小到我们用肉眼无法察觉，但水滴经年累月地滴着，数百年后，我们会看到原来的石笋已经改变了形状，长成了其他的样子。我认为这种非即时性也非戏剧性的效果，就是大众媒介对人类的主要影响效果。

"这种生活实例可以说比比皆是，以大家现在比较热衷的用手机刷微博，如果你连续一周时间都看到惨烈的交通事故视频，那渐渐地你就会觉得驾驶汽车真的很危险。如果连续一周时间都看到情感纠纷引发的人身伤害事件，那你就会觉得整个社会充满了这样的人和这样的事。事实上，如果你点击了某方面内容，这些媒介便会不停为你推送相关内容，美其名曰为兴趣推送，实际上，都是利益驱使下的商业手段。

"上面我对例子的论述可能不够客观，但现实就是如此。我希望大家在此后的时间,尤其是成家育儿之后要多多考虑这些方面的内容。我们与其让那些我们不知道,甚至从来都不了解的大众媒介来决定我们将看到和听到什么,让它们来帮助我们的孩子长大成人获得知识,不如带着孩子一起走出去,从生活中去获得真知。

"我们虽然仍无法确切判断大众媒介中的各类节目内容将会给我们的具体效果,但其长期效果依然会存在于我们的生命中。无论是过去、现在,还是未来,都将如此。"施拉姆以一段意味深长的总结结束了这一堂课。

第五节 如何让大众媒介"负起责任"

"正如上一节课中我们说的那样,媒介所传播的内容始终在潜移默化地影响着我们。可以假设,如果一个孩子在出生之后便被束缚在大众媒介前,他的所有信息获取都通过大众媒介,而鲜少有直接与人接触的机会,那这个孩子成长起来后,一定是大众媒介所期望的样子,而不是孩子的父母和孩子自己所想象的样子。当然,即使到今天,也并不是所有人都知晓并理解这一问题。"说到这里,施拉姆导师似乎有些黯然,他的语调变轻,整个人也不再挺拔。

"即使现在我们知道这些内容,知道存在这种潜在的效果,我们也无法脱离这些大众媒介,想要获取信息仍然需要这些窗口。在这种情况下,您认为我们应该做出哪些改变呢?"卢方娜握着手中的笔,看着面前有些消沉的施拉姆导师,提出了自己的问题。

"对于这一点,我们自身首先要认识到问题,然后注意甄别。

但正如你所说,并不是所有人都知道这一方面的问题,我们也无法摆脱这些大众媒介,想要逐一对信息进行筛选,其工作量也是巨大的。在这种情形下,想要解决这一问题,我觉得应该让大众媒介自己来负起责任,去规范自己的行为。"施拉姆导师似乎找回了状态,重新回到自己的轨道之上。

"要做好这一方面的工作,需要政府、大众媒介和传播受众的共同努力。

"首先来说说政府的职责。大多数人相信政府可以利用强制手段去控制大众媒介,让其只能传递政府愿意让民众看到的信息。但实际上,政府在对大众媒介采取的控制手段往往会受到诸多限制,除非是施加强力控制,但这往往属于杀招,不到不得不用之时,不能轻易使用。

"之所以把政府控制作为最后手段,主要是因为其与民主自由原则是相违背的,言论自由、新闻自由都会对政府控制产生约束。所以政府一般是在大众媒介承担不起责任,而大众又在对此无能为力的情况下,才会采取相应的控制手段。

"上述观点是我在我们那个时代思考得来的,在你们这个时代可能会有些不同。你们喜欢称现在是自媒体时代,认为每个个体都可以成为一个大众媒介,去对外传播信息。这确实是现代社会的特征,但正因为这种特征的出现,政府控制很多时候会从最后的手段变成普遍的手段。关于这一点,有哪个同学可以谈谈自己的看法吗?"施拉姆导师没有点破答案,而是将问题抛给了课堂中的同学们。

"网络谣言,我认为应该是网络谣言的出现让政府控制变得更普遍。伴随着互联网的普及,每一个网络个体都可以成为一个媒介,借助网络,他们所传播的信息会传递到世界的各个角落。

如果信息是准确真实的,自然没事,但如果这些信息是肆意捏造的,就很容易混淆视听,造成极为恶劣的影响。在很多网络谣言传播事件中,媒介和大众往往都是无能为力的,所以只能依靠政府控制来降低事件所带来的恶劣影响。"发表完一长串精彩论述后,李文文推了推眼镜,坐到了座位上。

"不错,很好,这正是我要说的内容。但需要注意的是,即使在这些情况中,如果不是事态发展超过了一定限度,政府控制依然要作为最后手段去实施。当然,政府部门也可以将自身作为媒介,去帮助大众媒介承担起必要的责任。

"顺着这一点,我们继续来谈大众媒介的责任。作为信息的生产者、传播者,大众媒介的责任无外乎生产优质信息内容,忠实传递信息。想要做到这一点,大众媒介需要加深对公众需求的了解,同时也要树立起自身的责任感。具体来说,可以通过自我调控和专业化两种方式来做。"施拉姆导师讲述间隙,卢方娜举起手来。

"这是不是说,大众媒介组织可以通过法规制度的方式来规范自己的行为,规定什么可以说,什么可以报,哪些不能说,哪些不能报呢?"卢方娜的问题似乎问得有些超前,显然施拉姆导师还没有提到这方面的问题。

"如果你是新闻行业从业者,这样做的话不会觉得受到束缚并感到无聊吗?不可否认,当前确实有一些法规制度规定新闻行业的基本规范,但仔细看,其中很多是保护新闻从业者的条例,而且这些法规制度多是有局限性的,只能强制规定大众媒介不去从事违法犯罪、具有严重社会危害性的活动,而没办法真正让它们变得完美。只有自我调控,才能让它们变得更好。

"除了自我调控,专业化也应该是让大众媒介负起责任来的重要举措。相比于理工学科，传播学专业的门槛确实很低，没有太强的专业基础知识要求。而到了自媒体时代，本就不高的门槛更是被踏得稀烂。人人都能当记者，人人都能当编辑，这完全是学术研究的倒退啊！"说到这里，施拉姆导师的语气提高了几分，情绪似乎也出现了起伏，但很快便恢复了正常。

"我认为，要让大众媒介更加专业化，就需要强化传播专业的基础知识和技巧训练，同时还要提出大众传播的职业标准、职业态度和职业行为。具体到个人，则是要强化个人的责任感。大众媒介传播者应该将自己看作传播真理的使者，他们不能仅仅对自己的金主服务，他们要强化个人的伦理道德意识。

"至于大众的责任，首先大众要自觉做一个有头脑又不存在偏见的接受者；其次他们还要经常用鼓励、促进和教育的方式让大众媒介更好地承担起自己的责任。

"做一个有头脑又不存在偏见的接受者，是说大众要具有一种与众不同的思考习惯，对于大众媒介传递的信息要仔细思考。大众有权决定自己从媒介接受有益的信息，而不是始终任由媒介摆布。所以，大众应该尽自己所能，让自己变成一个敏锐又有辨别能力的人（如图 1-5 所示）。

图 1-5　媒体的责任与大众的权利

"在我看来，大众在让大众媒介'负起责任'这件事上，可以发挥的作用是巨大的。大众应该认识到，大众媒介所传播的内容会涉及每个人的利益，因此每一个受众都应该参与其中，为争取自己的利益，对大众媒介工作进行监督。"说到这里，施拉姆导师停下了自己的叙述。

"按照您的说法，作为大众的我们，要如何去监督大众媒介，让它们承担起相应的社会责任呢？"李文文不失时机地接住施拉姆导师的话，提出了自己的问题。

"从当前大众媒介发展现状来看，点击率、评论、订阅率是它们关注的重点，作为受众的我们可以通过选择是否观看、收听和订阅它们的产品来进行'投票'，让它们之间形成竞争，最后实现优胜劣汰，这就是大众对媒介承担社会责任的最大推动作用。"施拉姆导师回应道。

施拉姆导师所说的"投票"从操作上看并不困难，大众媒介是依靠大众需求而生的，只要大众以自身需求对其进行正确导向，似乎便能让大众媒介承担更多的社会责任。

"我在上面提到的这三方面内容是缺一不可的，而大众的作用常常居于首位。如果大众主动放弃推动媒介进步的权力，那大众媒介和政府控制就会填补相应的空缺，到那时我们就会与良好的传播环境渐行渐远，最终一点点失去获得真理的机会。"施拉姆导师总结道。

第二章
沃尔特·李普曼导师讲"公众舆论"

在本章中,沃尔特·李普曼导师将会为大家讲述公众舆论的内容,他将围绕拟态环境和刻板成见展开论述。作为传播学领域舆论研究的先驱,李普曼导师挑选了舆论研究中一些不可回避的重要问题,进行了深刻而精辟的推导和论述。

沃尔特·李普曼

(Walter Lippmann,1889年9月23日—1974年12月14日),美国作家、记者和政治评论家,是传播学史上具有重要影响的学者之一。作为专栏作者,曾在1958年和1962年两次获得普利策奖,而作为传播学理论研究者,则完成了《公众舆论》一书的创作。

第一节　"媒介真实"可能并不真实

在第一周的课程中，施拉姆导师通过五节课的时间，对自己的传播学理论进行了介绍。在卢方娜看来，这些理论虽然提出的时间很早，但在现在依然能够找到其对应的事例，足以想见传播学理论在发展过程中的一脉相承。而对马鹏伟来说，施拉姆导师所讲的内容并不像书本上的理论那样枯燥，而是可以放在生活中去验证的，这让他对传播学产生了些许兴趣。

时间来到了第二周的第一天，又是第一节早课，课堂外面仍然挤满了学生，这些学生都是冲着第二位导师而来的。听说，第二周课程的导师是个富有激情的人，年轻时还是个大帅哥。

"让我看看课堂中的大家都准备好了吗？不错，不错，不错，看上去大家的精神都很饱满啊。见到大家真的是非常高兴，更让我高兴的是可以和大家分享我对传播学一些理论的看法。话不多说，现在就让我们来开始今天的课程。"李普曼导师兴高采烈地说道。

在同学们眼中的李普曼导师虽然不再年轻，但从其言谈举止中依然可以感觉到其个人所独有的魅力与激情。

"我翻看了一下大家第一周的课程，其中似乎讲到了大众媒介内容真实性的问题，这正是本节课我要讲述的内容。但我想说的与前面一位导师会有一些不同，在论述之前，我想问一下各位同学，如果把大众媒介比喻成一件器物，各位认为它比较像什么？"在讲述内容之前，李普曼导师先提出了一个似乎与课程内容无关的问题。

"我觉得它更像是一个传声筒，我们可以从它那里了解到各种不同的声音。"李文文率先表达了自己的看法。

"像个大喇叭吧，比传声筒的效果要好多了，传得远，声音还大。"马鹏伟接过李文文的话，开起了玩笑，引得同学们哄堂大笑。

"我觉得它像电影中的魔镜，我们可以从中看到世界各地的信息，想要哪些信息，就可以让魔镜告诉我们哪些信息。"李月婷回答道。

"说到镜子，这正好是我们今天要讲的第一个内容。大众媒介可以作为我们了解真实世界的镜子吗？在我看来，它可能做不到这一点。"虽然还有同学想要回答，但李普曼导师接过李月婷的话茬，自顾自地讲了起来。

"为什么这样说呢？因为我们与真实环境之间存在着一种虚拟环境，现在你们更多称其为拟态环境。所谓拟态环境，就是大众媒介通过对象征性的事件或信息进行选择或加工，然后通过结构化手段重新向人们展示的环境。很多情况下，这种对事件或信息的选择、加工或结构化重现是在我们看不到的地方进行的，这中间发生了什么，我们不得而知。甚至大多数人都不知道存在这样一个环节。"

讲到这里，李普曼导师稍作停顿，他想要通过观察大家的表情来了解大家是否理解了自己所叙述的内容。

"您的意思是说，现在我们所看到的电视新闻和节目，其向我们所传达的信息并不一定是真实信息，而是经过了我们所不知道的流程加工而来的信息，所以这些信息的真实性不可靠，是吗?"当与李普曼导师目光相对时,林凯提出了自己的疑问。

"关于你这个问题的解答,我们放在后面来说。在我看来,我们个人的行为主要与三种'现实'具有密切关联:第一种是实际存在的'客观现实',它不以个人意志为转移;第二种是经过大众媒介有选择地加工后得到的'象征性现实';第三种则是'主观现实',是存在于人们意识中,关于外部世界的图像。

"需要注意的是,'主观现实'是在人们对客观现实认识的基础上形成的,而在当前时代,人们想要认识客观现实,在很大程度上需要依靠大众媒介所制造的'象征性现实'来实现。同学们,这样一来,人们所形成的'主观现实'还能是'客观现实'的真实反映吗?"

李普曼导师讲到这里后,又停顿了片刻,来观察同学们的反应。这一次显然大家都有所思考,也有所领悟。

"这种'象征性现实'是不是就是媒体编造的吸引人眼球的假新闻?如果我们识破这种假新闻,是不是就可以从'象征性现实'进入到'客观现实'呢?"卢方娜提出了自己的疑问。

"不不不,我所说的'象征性现实'并不是谎言,而是对环境的描写。这种环境往往是大众媒介所创造出来的,它们自身可能存在着一些问题,比如由于信息采编人员能力不足,导致其采写的内容与客观事实偏离过多;也可能由于不同的大众媒介所持有的立场与价值观不同,针对同一事件的报道角度有所不同;当然,还有可能是大众媒介遭到控制,而刻意去传播某些内容。所以这种'象征性现实'更偏向于虚构,而不是去制造谎言。"李普曼导师马上解释道(如图 2-1 所示)。

图 2-1　个人行为与三种"现实"

"那我们为什么一定要通过这种'象征性现实'去了解客观现实呢？是必须如此吗？"卢方娜继续追问道。

"不是的，但在当前时代中，这似乎已经成为必需。我们所面对的现实环境在总体上实在是太庞大、太复杂了，它变化得太快，以至于我们没有做好准备去应付和了解它。但为了在这个环境中展开活动，我们又必须采取某些行动来让它变得简单，由此我们选择通过大众媒介将其重构，并更为简单地呈现在我们面前。我们必须这样做，别无他法。试想如果现在让大家摆脱手机和互联网，你们又要如何生活，如何去了解世界呢？

"虽然不得不面对这种'象征性现实'，但我希望在座的各位可以明白，我们个人的行为是对环境做出的反应，身处于这种'象征性现实'之中，如果我们就这种环境产生某种行为，那这种行为的后果便不是出现在'象征性现实'之中，而是出现在'客观现实'之中。这一点是大家需要牢记的。"说到这里，下课的铃声响了起来，李普曼导师打算做最后的总结论述。

"这是不是与一些人沉迷于网络游戏世界中后，搞不清虚拟和现实类似呢？他们以为自己所采取的行为发生在虚拟世界中，但实际上是发生在现实世界中。网络游戏是否也营造了一种'象征性的现实'呢？"李文文似乎还有疑问，她抓住时机提出了自己的问题。

"也可以这么理解。说到这里，还有一点内容需要提醒大家。上面我只说到了行为上的反应，如果长期浸淫在这种'象征性现实'之中，我们在思想上会产生哪些反应呢？这一问题还是留给大家去慢慢思考吧。"李普曼导师似乎还有话说，但碍于时间有限，只得匆匆做了总结。

第二节　每个人都会有"刻板成见"

"在上节课程中，我主要为大家介绍了拟态环境这一理论，同时还提到了造成这种情况的可能原因。在本节课中，我所讲的内容可以算作拟态环境出现的一个原因，但更重要的是，我觉得它应该被每一位新闻行业从业者所牢记，我将这一内容称为'刻板成见'。"

站在学生们面前的李普曼导师依然充满激情，相比于第一堂课，他似乎对本节课的内容更为重视。

"我们每个人都生活在地球上的某一个小区域，在这个小区域中，我们能够了解到的客观现实是相对有限的。对于那些影响广泛的公共事件，即使通过大众媒介的传播，我们所能知道的也只是事件的某个方面或某一片段。但作为一个实实在在的人，我们拥有表达见解的权利，很多时候我们的见解要涵盖一些比我们直接观察到的事物更为广泛，也更为复杂的内容。不知大家是否能够理解我所说的这一内容？"

李普曼导师似乎觉得自己在论述这一内容时，说得不够清晰，害怕学生们没有理解其所指代的意义，所以没有继续往下论述，而是停了下来。

"您的意思是不是说，当我们对某件事情发表看法时，我们可能只看到了这件事情的表面，或者说是片段，所以我们的见解会有偏颇和不足的地方。"卢方娜似乎读懂了李普曼导师的意思，及时给出了自己的回应。

"没错，确切来说，我认为我们的大多数见解都是由别人的报道和我们自己的想象所衍生出来的。即使是目击者，也不可能原原本本地再现事件的全貌。这里我有一个故事要与大家分享。"说到这里，李普曼导师开始与大家分享他的故事。

在哥本哈根曾召开了一次心理学会议，与会的一些优秀观察家参加了一个有趣的实验。在会议进行过程中，会议室大门被撞开，一个小丑率先跑了进来，其身后有一个黑衣人在持枪追击。他们在会议大厅中扭打起来，小丑倒地后，黑衣人扑上去开枪射击，随后两人又一起冲出了大厅，整个事件大约持续了20秒钟。

随后，会议主席要求各位观察家每人立刻写出一篇报告，最终有40人完成了报告。但在这40篇报告中，关于主要事实的错误率低于20%的只有1篇，错误率在20%～40%的有14篇，剩下有12篇的错误率达到了40%～50%，13篇的错误率在

50%之上。在这些报告中，只有6篇杜撰内容低于10%，可以说，这里面大多数报告的内容都是虚假的。

"在上面的故事中，小丑与黑衣人打斗的情节是事先策划的。但这些观察家在这起事件中看到了什么呢？在我看来，他们看到了自己对这场打斗的成见。他们在自己的生活经历中见识到许多打斗的画面，而这些画面在他们脑海中形成了深刻印象。这40位观察家中，有34位用自己先入为主的成见取代了至少10%的事实。"李普曼导师解释道。

"老师，这是否就是前面课程中我们所提到的拟态环境出现的原因？"李文文问道。

"没错，这正是其中的一个原因。但在另一种意义上，其所造成的可并不仅仅是拟态环境这个问题。"李普曼导师继续自己的讲述。

"诸如绘画、雕塑或是文学创作等艺术形式，我们很容易从中发现创作者对客观现实的塑造。他们呈现的并不是真实的客观现实，而是经过艺术加工的作品。但只有这些艺术手法能够为这个世界造型吗？很显然并不是这样，我们的道德规范、法令制度和社会哲学都会为这个世界塑形。

"这也就是成见生成的原因，除了我们个人认识活动的习惯性外，还有教育、宣传等方面因素的影响。实际上，只要不断灌输，就会产生视觉变化，我们的眼光也就会出现不同的视角。如果我们从孩子一出生就告诉他不学习就没有出路，那他可能从小就会产生'自己的人生只有学习才能有出路'的成见。当然，这种灌输对于孩子所造成的影响效果我们还不好去估量。"李普曼导师说道。

"那您所说的这种'刻板成见'对我们有什么负面影响呢？"卢方娜问道。

"每一套成见中都有一个点，在那个点上，全部努力都会停止，事情会按照我们喜欢的样子自行发展。那种步步为营的成见会强力刺激行动，它会让人忘记去考虑这是什么行动，以及为什么要这样行动等问题。而每一种理论都会有一个不由自主的盲点，那个盲点会掩盖某种事实，如果可以认识到这一点，就可以控制成见所诱发的致命运动。

"当然，如果忽视了这一盲点，而去不加批判地固守成见，不仅会无视许多需要考虑的东西，而且一旦遭到报应，成见就会随之土崩瓦解，那么明智的考虑很可能就会和它一同毁灭。

"一种更为严重的情况是，由于我们的道德体系有赖于自身所认可的那种版本的事实，那只要是否定我们的道德判断，或者否定我们那个版本的事实的人，无论是谁，我们都会认为他是错误的、异己的、危险的。（如图2-2所示）

"如果我们无法习惯于将自己的观点看作通过自己的成见得到的局部经验，我们就会把自己的观点绝对化，而且很多时候会认为所有的反对意见都是居心叵测的。"李普曼导师似乎又忘记了由浅入深地讲述，而是沉浸在自己的节奏之中。直到讲完这些内容后，他才稍作停顿，观察课堂中同学们的反应。

"老师，我是否可以用辩论的例子来理解您上述所讲的内容。在辩论时，正反双方都持有一个固定观点，这可以看作他们的固定成见。双方都想将对方驳倒，同时认为对方是绝对错误的。"李文文表达了自己的看法，但似乎又不那么确定。

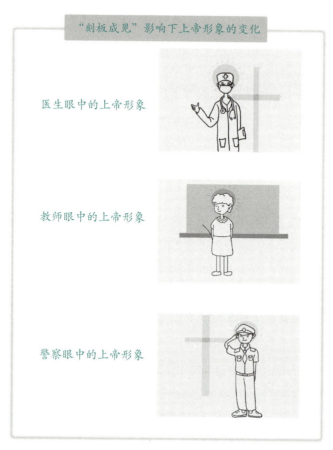

图 2-2　'刻板成见'影响下上帝形象的变化

"辩论双方都很清楚自己的立场,因此会绞尽脑汁地对自己的成见做出解释,想要让辩论双方握手言和显然是不可能的。你的这个例子很好。"李普曼导师认可了李文文的观点。

"我这里还有一个更为显见的例子,能够更好地说明这一内容。现在媒体在称呼年轻人群体时,往往喜欢用年代来表示,比如'90后''00后'。如果深入研究会发现,媒体很喜欢用这些词来代表一类群体,因而新闻中常常会出现以一部分人的行为来代表整个群体的情况,这可以说是刻板成见的代表实例了。

"'90后'是怎样的?'00后'又是怎样的?这本身就是难以言说的问题,如果媒体非要为'九零后''零零后'塑形的话,就是刻板成见在起作用了。

"换个角度来讲,刻板成见也有好的一面,其可以对我们的社会传统和社会地位进行维护。在成见系统营造的世界景象中,我们的习惯、偏好、能力和希望等都会进行自我调节,虽然其并不能代表整个世界的景象,但至少是可以满足我们需要的世界景象。"李普曼将成见系统的正向功能作为最后的总结。

第三节　公众很难形成正确的舆论

"公众很难形成正确的舆论,这并不是我的悲观,而是社会现实。"李普曼导师在讲完这句开场白后,停顿了很长时间,他在等待有同学可以做出一些回应,但寂静无声的课堂似乎已经回应了他。

"在我之前有人看到了舆论的强大力量,同时认为公众可以自发形成正确的观念,随之做出相应的正确选择。我认为这是一种传统的舆论观,在我看来,现在的公众并不能自发地形成正确的公意,更不能以其去主导政府的决策。"李普曼导师继续论述他的观点。

"您的意思是说,公众作为独立的个体,无法针对眼前信息进行独立思考吗?"卢方娜提出了自己的疑问。

"还没到那一步,我想说的因素在更前面。在前面两节课中,我们提到了'拟态环境'和'刻板成见',知道了大众并不是直接生活在现实环境之中,而是生活在媒体与个人主观构建的虚拟环境之中。人们在虚拟环境中采取的行动,会直接作用于现实环境。公众主观公意的形成是以媒体提供的'象征性现实'为基础的,所以多少会存在一些偏差。

"在具体的社会环境中,无论是在哪种社会制度下,都不可避免地存在对信息源头的审查和控制。加之传播技术受硬件条件限制较多,个人的知识、时间和注意力相对有限,客观真实、主观真实和象征性真实交错在一起,公众就会逐渐混淆现实和非现实。

"这其实又回到了我们在前面课程中提到的内容,公众媒介传达给我们的并不都是客观现实,所以我们由此形成的认知和舆论自然不客观,其正确性值得怀疑。"李普曼导师对自己的结论给出了解释。

"既然说到了这里,那我想问一下,在各位看来,哪些因素会阻碍大众形成正确的舆论?"李普曼导师问道。

"在前面课程中提到的'刻板成见'会影响大众正确舆论的形成,新闻报道者因为自身原因,对报道内容缺乏全面、有深度和中立的报道,他们可能会在事件报道中加入自己的理解,所以报道出来的内容与客观事实会存在偏差。这就使得公众在认识这件事时,很难形成正确的舆论。"李文文第一个站起来发言。

"大众自身因素也会影响舆论的形成。由于每个人的见识阅历、知识构成、行为习惯各有不同,对于大多数事物的了解也较为有限,在面对自己不熟悉的事物时,有些人会选择用自己固有的思维模式去分析事件,从而得出较为主观的看法和结论。还有一些人会选择依赖媒体,顺着媒体的解读去理解事件,而鲜少会自己思考。在我看来,这两部分大众都很难形成正确的舆论。"

卢方娜选择从另一个角度去回答这个问题。

"不同国家的人在理解同一件事情时，也会产生较大差别。可能是语言、民族文化和思想价值观不同导致的。不同国家的人在交流时，常常会出现曲解对方信息的情况。"很少主动发言的马鹏伟突然积极起来，这让卢方娜感到有些意外。

"很好，大家的答案都很精彩。除了大家说到的，还有一方面因素也会影响大众舆论的形成。不知道大家如何去理解官方新闻，在我看来，相比于大众媒体新闻，官方新闻更多注重内容宣传，很多时候它们是报喜不报忧的，所以电视机前的人们总会看到好的景象，但实际上，事实却并非如此。大众长时间被困在这样的象征性真实中，怎么能形成正确的舆论呢？"李普曼导师补充道（如图2-3所示）。

图2-3　大众很难形成正确的舆论

"第二次世界大战时期,英国为了进行战争宣传,对媒体进行了一系列政治和经济管制,从而使当时的大众媒体成为战争宣传的工具,当时英国为了团结民众,获取战争胜利,官方新闻中通常主要宣传打了胜仗,而对打败仗的消息却较少提及。在这种情况下,大众自然无法了解到战争全貌,也就没办法形成正确的舆论。"

"对于那些处于封闭的舆论环境中的人们来说,想要充分、全面、准确地了解事物全貌非常困难,因此他们也很难形成正确的舆论。他们对事物的认识多夹杂有自己的想象,所以他们所形成的舆论更多是主观真实的舆论,而不是客观真实的舆论。无论是过去还是现在,都是如此。"李普曼导师总结道。

"在当前时代,互联网的普及程度如此之广,我们每个人都可以通过网络从多角度获取事件信息。现在我们应该处于一种开放的环境之中,在这种情况下形成的公众舆论,其正确性是不是得到了很大提升呢?"在李普曼导师停顿间隙,卢方娜把问题转移到了当今时代的现实之中。

"实话说,我对互联网的了解并不多。互联网发展到现在,很难再用我当时的理论去解释现在的现实,这是传播学不断向前发展时经常会出现的问题,同时也是传播学能够保持持久生命力的最重要因素。

"旧有的传播学理论可能会不断被替代,这是因为时代和人都在发生改变。传播学作为研究社会和人的学科,一定是要跟着时代和人一同发展演变的。关于你提的这个问题,我倒是很想听听在座的各位是如何理解的。"李普曼导师似乎有些感慨,他并没有直接回答问题,而是将问题留给了更有发言权的学生们。

"我觉得互联网出现后,我们的传播环境好了很多,这更有利于公众形成正确舆论。互联网为我们提供了一个讨论和传播公共事件的平台,在这里我们可以获得更多角度、更为全面的事件信息,我们也可以更便捷地进行意见表达。总的来说,互联网让我们更加接近事件真相,也让公众形成正确舆论成为可能。"齐一一似乎很有感触,第一个站起来发表看法。

"互联网技术的发展对新闻审查也造成一定的影响。在互联网没有普及的时代,一个事件的发生往往只会有一种官方声音,而现在我们可以从不同角度,听到多种声音,这可能让我们更容易去接近事件的真相。在这种基础上,我们也更容易形成客观正确的舆论。"李月婷继续说道。

"现在的大众与过去时代的大众也已经完全不同了,他们的思维更加开放,也更为活跃,判断媒介信息也会更为客观理性。大众媒介想要继续通过'拟态环境'来让大众跟着自己走,越来越困难了,在这一方面来讲,大众应该是越来越精明了。"林凯回答道。

"多种声音有时候也可能会让人陷入迷茫。互联网时代大众虽然更精明了,但大众媒介信息也越来越复杂了,互联网上充斥着各种信息,很多针对同一件事情的信息甚至截然相反,这给大众造成了不小的麻烦。对于没有足够知识能力的大众来说,信息增多反而增加了他们形成正确舆论的困难。"李文文最后一个发言,却说出了与大家截然不同的观点(如图2-4所示)。

"你们的这些观点都有道

图2-4 更不容易发现的"拟态环境"

理,虽然互联网时代依然存在'拟态环境',大众也依然会带有'刻板成见',但大众媒介的转变确实对公众舆论的形成造成了影响。这或许确实是一种进步吧。"听完同学们的回答,李普曼导师进行了最后总结。

第四节　谁能来拯救公众舆论

"前面我们谈到了'公众很难形成正确舆论'这个问题,在这一节中,我们来谈一谈如何形成公众舆论,或者说,如何让公众得出正确舆论。"这节课的内容显然是承接上一节课的,李普曼导师似乎早就想好了这一点。

"在上一节课最后,大家的论述非常精彩,顺着大家的思路来讲,似乎本节课的内容就很好展开了。但我还是想顺着自己的思路来讲述,关于这个问题,我还有一些个人的看法。"李普曼导师说道。

"前面我们提到公众难以形成正确舆论的一个主要原因是其所获信息多是经过大众媒介加工的,这些内容与客观现实可能存在较大差异。由此,想要解决这一问题,就要从根本上改变这一情况,关于这一点,我有一种理想化的设想。

"我们可以建立一个独立的情报组织,由这个组织负责向公众传递信息。这一独立的情报组织不受政府审查的控制,依靠专家来搜集信息,从而确保信息的客观真实性。这种独立的情报机构可以客观地还原事实真相,有利于帮助公众形成正确的舆论。"李普曼导师继续说道。

"专家主要是些什么人？我们要如何判断一个人是否达到这种'专家'的级别？"李文文对专家这个词在理解上似乎存在一些困难。

"这些专家应该是各个领域中的精英，他们对自身所处行业的信息内容都十分了解，这在很大程度上能够减少因为'刻板成见'存在造成的信息偏差。"李普曼导师解释道。

"这是不是说做新闻的人要向细分的行业领域发展，这样持续下去才能形成报道的专业性？那是不是说新闻专业的学生还要去学习其他专业的内容？"李文文继续追问道。

"我并不认为需要将这个问题局限到新闻专业的学生身上，既然说到这里，我觉得现在的新闻专业学生，如果想要成为一名优秀的新闻记者，首先需要让自己成为一名耐心且无畏的科学人士，努力去探求世界的真相，好的报道需要实践最高的科学品质。

"在这里，大家也可以把专家理解成'精英'，我认为只有这些人才能帮助公众形成正确的舆论，如果少了他们，公众便无法好好去思考。在某种意义上，我们大多数人都是局外人，我们需要专业的新闻人才或新闻机构为我们提供准确而真实的消息。"李普曼导师提出了新的观点。

"在您所说的这种'精英可以拯救公众舆论'的观点中，这些精英难道不会存在刻板成见吗？我们从他们这里获取的信息，不也是经过他们的个人意志加工形成的吗？"卢方娜问道。

"他们自然也会存在'刻板成见'，但相比于大众来说，他们可以更好地规避这一点，至少在进行信息传播时是这样的。如果在现代社会来理解这一方面的内容，可能会更加简单。我虽然对现在的互联网了解不多，但我很清楚大家现在获取知识信息的途径。

"当前互联网上也出现了许多'精英',这些'精英'虽然和我所说的有些不同,但也有一些相似的地方。当大家想要选购一款化妆品时,很多人会从这些'精英'那里获得推荐;当大家想要学习一门新的课程时,也有很多人会去依靠这些'精英'。

"很多时候,局外人可以要求专家告诉自己有关事实是否已经得到适当考虑,但在大多数情况下,他自己并不能判断出何为有关事实,何为适当考虑。

"我们依然以上面的例子来说明。当大家选购化妆品时,'精英'会告诉大家这款化妆品很好用,使用之后整个皮肤都会特别好,自己一直都在使用,随后还会让大家看一下具体效果。在这个过程中所出现的'有关事实'和'适当考虑'是大家的吗?不!并不是大家的,而是'精英'本人的。

"但大家清楚这一点吗?从商品的疯狂成交量上来看,显然是并不清楚的。所以从这个角度来讲,公众想要形成正确的舆论,很大程度上要依靠这些'精英'。"李普曼导师的论述似乎偏离了新闻领域,而进入到大众传播领域之中(如图2-5所示)。

"再回到新闻领域之中,我认为大众媒介需要做到的首要职责就是向社会持续不断地提供真实可靠、富有意义的信息。不论是在过去的时代,还是在当今社会,大众都需要依赖专业化的信息传播机构获取信息。如果大众媒介和大众媒介从业者无法做到这一点,那大众就很难形成正确的舆论。"李普曼导师对自己的观点进行了总结。

图 2-5　社会精英可以引导公众舆论

"还有一点内容我需要做些补充，前面有同学问到要如何判断谁可以作为'专家'。在这里，我想用'局内人'和'局外人'两个概念来进行一下说明。

"在大众群体中，我们可以把'专家'理解成'局内人'，而将其余大众理解为'局外人'。'局内人'往往处于事件中心，他们对事件更为熟悉，掌握着第一手资料。而'局外人'则远离事件，他们需要依靠'局内人'来了解具体事件。但是，二者并没有太多不同，在一些情况下，甚至可以相互转换。"

　　李普曼导师试图用另一种新的理论观点来解释前面的内容，但对于大多数同学来说，这种方式达到的效果十分有限，大家似乎又陷入一种新的困惑之中。鉴于课程时间有限，李普曼导师结束了自己的课程。一周时间下来，大家学到了很多新的传播学知识，但也新增了许多从未有过的困惑。大家已经看到了传播学的冰山一角，对于剩下的部分则充满了无限的好奇。

第三章
库尔特·勒温导师讲"把关人"

在本章中,库尔特·勒温导师为同学们带来了"把关人"理论。作为传播学中的重要理论,其将人的作用和性质引入到大众传播学之中,受到了学界的广泛认可。除了介绍早期的"把关人"理论外,勒温导师还介绍了新时代背景下的"把关人",将这一理论放置在新的社会环境中,让同学们对此有了更为深切的体会。

库尔特·勒温

(Kurt Lewin,1890年9月9日—1947年2月12日),德裔美国心理学家,现代社会心理学、组织心理学和应用心理学创始人,同时也是传播学主要奠基人之一,被称为"社会心理学之父"。代表作品有《人格的动力理论》《拓扑心理学原理》《群体生活的渠道》《社会科学中的场论》等。

第一节　网络中到处都是"守门人"

在上一周的课程中，李普曼导师为大家带来了精彩的内容讲述。但在获得新知识的同时，同学们也出现了许多新的困惑。为此，大家对新一周的传播学课程充满期待。

本周课程的导师是传播学主要奠基人库尔特·勒温，作为传播学专业的学生，他的大名大多数人应该都有耳闻。卢方娜对勒温导师的课程自然十分期待，但没想到马鹏伟显得更为积极。他很清楚勒温导师在课堂上一定会讲到"把关人理论"，而自己在这方面也正好有问题想要了解。正当大家在教室议论时，库尔特·勒温导师出现在众人面前。

"大家好，听说上周的课程大家没有听尽兴，是课程时间不够，是导师讲课太慢，还是导师讲得不够清楚明白？首先声明，我讲课的速度很快，要讲的内容也不多，很多时间需要大家一同来讨论，大家不要不好意思发言，有问题就痛快问出来。"相比于其他导师的直接开讲，勒温导师嘴上说着时间紧迫，却仍然来了一段开场白。

"在本周的第一堂课，我们主要来讨论一下'守门人理论'，你们可能更习惯称其为'把关人理论'。虽然有很多人扩展了这一理论，但这可是我最先提出来的。"勒温导师似乎想要证明些什么，这确实逗笑了课堂中的同学们。

"在第二次世界大战期间，我在大学主要从事食品习惯变化方面的研究。在研究过程中，我发现当我们决定吃什么东西时，会存在一些关键的环节对选择食物起到了至关重要的作用。

"当时美国政府鼓励大众食用动物内脏，我们惊奇地发现，如果一个家庭中的主妇不喜欢这类动物内脏，那她的丈夫和孩子们就很难在家庭餐桌上吃到这些食物。所以在我看来，家庭主妇们在这里就扮演着'守门人'的角色。

"我们所吃的食物是通过不同的渠道一步步来到餐桌上的，而某一食物能否进入到下一个渠道当中，需要视'守门人'的意愿来定。影响'守门人'决策的因素主要包括认知结构和动机。

"在此后的一些研究中，我发现这种情况广泛存在于各种组织之间。其在新闻传播渠道中也不例外，对于新闻通过特定传播渠道在群体中的传播以及许多机构中个人的社会流动也是明显适用的。

"在群体传播中，信息的流动会在一些带有门区的渠道中进行，而在这些渠道中，每一个门区都会存在一些守门人，只有那些符合群体规范或守门人价值标准的信息才能够通过门区，在传播渠道中流动。

"我所说的'门区'大家可以将其理解为信息传播渠道上的一个个检查点，在每一个检查点上都有专人负责对信息内容进行检查，然后拦住一些信息内容，再放行一些信息内容。"勒温导师一口气说完了自己的理论。

"在新闻传播领域，您所说的这种'守门人'是不是主要是各大媒体的记者或编辑？"在勒温导师说完后，卢方娜提出了自己的问题。

"正如家庭主妇在为家庭吃什么食物把关一样，在新闻传播领域中，各大媒体的编辑们确实也在做着同样的工作。"勒温导师回复道。

"那他们在把关时有什么统一的标准吗?还是说他们都在按照自己的标准来把关。"卢方娜追问道(如图3-1所示)。

图3-1 每个"把关人"有不同的把关标准

"我们很难找到一个统一的标准来说明他们是怎么把关的。正如前面我所提到的,影响他们做出决策的因素主要包括认知结构和动机。每一个把关人的认知结构不同,在面对同一种信息时,他们可能会得出不同的判断,做出不同的决定。即使在一些情况下他们得出了一致判断,但出于不同的动机,他们也可能做出并不相同的决定。"勒温导师解释道。

"我觉得您的理论在现代社会遇到了新的情况，现在的'守门人'并不完全是编辑这样的个体，而更多地变成了算法和机制，您对这一变化有什么看法吗？"并不喜欢参与讨论的马鹏伟向勒温导师抛出了一个新的问题。

"我对这种变化有些了解，我觉得你可能想要讨论算法推荐的问题。事实上，我完全不了解这其中的机制和规则，我只能简单说一下我的看法。"勒温导师用颇为谨慎的语气说道。

"首先，大众媒介的新闻报道与信息的传播并不具有完全的客观性，这一点大家在前面的课程中应该有所了解。大众媒介会根据自己的立场、方针和价值标准对信息进行加工和取舍，由于受到经营目标等因素的影响，大众媒介需要通过不断满足受众需求来获取收益，从而维持自身运转。在这个过程中，他们需要筛选出更容易被受众点击，更能够广泛传播的内容推送到受众面前。

"如果完全由人力来完成这种操作，在当前信息爆炸的时代可能并不现实。这时，互联网智能技术创造出了智能算法，这相当于一个智能的'守门人'，当然，它的认知结构和动机都是人为设定的。大家如果仔细研究应该会发现，不同平台上的算法是存在显著差异的，但从整体上来看，基本是根据受众过往行为来计算的。上面我说这种算法是智能的'守门人'，其实并不准确，它们很多时候并不够智能。"勒温导师着重强调了这一点。

"您是说它们是可以被诱导的对吗？从我的个人体验来看，这些算法虽然能够判断我所感兴趣的信息，并推送给我，但它们几乎不会在意信息的真假，很多时候推荐给我的内容有明显错误。"马鹏伟补充说明道。

"正是因为这一点，我才认为它们并不够智能。如果无法辨别真假，单纯只是负责将各种各样的信息推送到受众身边，这种'守门人'有什么作用呢？与其说它是在守门，不如说是在运输。"勒温导师解释道。

"这可能也是很多拥有智能算法的平台依然需要人工审核的原因。在无法解决真假判断这个问题之前，我认为大多数算法都无法被称作'守门人'，它们虽说可以阻拦一些垃圾信息骚扰受众，但只做到这一点显然是不够的。

未来这种智能算法能否出现新的变化，我也无法预测。我只是临时了解了一下这些内容，说出了自己的一些看法，至于正确与否，大家还需要自己多去思考。"说完，勒温导师迅速消失在同学们的视野之中。

第二节　新时代"把关"更难了

"上一节课，我讲了自己研究得出的'守门人'理论，但在我离开后，这一理论又出现了较大发展。鉴于我的学生怀特无法来到这里为大家讲述，所以我来继续为大家讲一讲在我之后'守门人'理论的发展。"勒温导师想要再利用一堂课把这一理论彻底讲透。

"在我之后，尤其到了怀特这里，'守门人'理论已经被改称为'把关人'理论。怀特曾经对一位年龄超过40岁的日本编辑进行了7天跟踪调查，他想通过研究这名编辑如何处理每天收到的稿件，来得出影响把关人决策的因素。最终他得出了一个重要的把关公式，他认为，在一个具体的把关环节中，信息的选择可以用'输入信息－输出信息＝把关过滤信息'这个公式来表示。

"怀特的研究很到位，得出的结论也很好，但我觉得他有些过分强调把关人的独立权限，而忽略了可能存在的社会影响因素。在一些情况中，社会因素会对把关人筛选信息造成较大影响，对于这一点，怀特的研究确实存在不足之处。"勒温导师首先介绍了自己学生怀特的理论成果，并给出了点评意见。

"在怀特之后，麦克内利又进一步完善了这个理论。他将怀特的把关模式进一步扩大，认为把关发生在多个有关联的环节，而不仅仅发生在一个封闭的门区之中。

"他把信息传播过程看成了单向流动，认为信息传播者主宰着全部信息，而各个把关环节间具有平等的作用。从现在的传播学研究来看，这显然是与现实不相符的。"勒温导师又对麦克内利的理论研究进行了评述。

"在麦克内利之后，巴斯又进一步发展了这一理论，提出了'双重行为模式'。他将大众媒介的把关活动分成了两个阶段：在第一个阶段'新闻采集'中，记者是主要的把关人，他们负责对需要报道的信息进行筛选；而在第二个阶段'新闻加工'中，编辑则是主要把关人，他们负责加工过滤信息。

"在上面这种把关人模式中，很显然起到决定作用的是'新闻加工'阶段，编辑的把关工作更具有决定性意义。"勒温导师继续评述。

"基本上，把关人理论的发展经历了上述几个阶段，到现在，正如上节课提到的一样，把关人已经出现了极大的变化。这主要是社会传播环境变化带来的结果，传播技术的发展、传播形态的转变都促成了把关人的变化。接下来我想听听同学们对新时代把关人的变化有什么看法。"勒温导师在一连串评述之后，似乎打算停下休息，来观看学生们的"表演"了。

"上节课我们提到了智能算法机制，说到它的出现可能分担了传统把关人的工作。但在我看来，新时代的把关工作更难做了。一方面是因为现代的把关人不仅要兼顾各方面的效益问题，另一方面则是由于信息成倍增长增加了信息筛选的工作任务。总的来说，当前时代的把关工作越来越难做了。"马鹏伟第一个说出了自己的看法。

"我认同这位同学的观点。就拿我们最常用的微博来说，任何人只要申请了微博账号，就能随时随地发布信息，大多数人更多会发布一些与自己相关的内容信息，说说生活，谈谈艺术。但在特殊时期，尤其是出现突发事件时，人们便会将注意力聚焦到这些事件上，然后借助微博发布或传播相关事件信息。而在这些大量信息中，可能就存在着诸多虚假信息。如果说'三人成虎'的话，那这种情况下微博就成了动物园了。把关人员想要在短时间内处理如此多的信息，难上加难。"卢方娜支持马鹏伟的观点，并举了一个颇为生动的例子。

"如果从微博上来看，我觉得现在的把关工作也不见得就变得困难了。在微博的传播环境中，把关主体其实变多了，这与传统的媒体环境是有所不同的。如果说微博上博主是信息生产者，那受众既是信息接受者，同时也是把关人。他们在接收到信息的同时，也可以通过转发和分享把信息迅速传播出去。在这个过程中，他们就已经对信息进行了筛选和把关，当然他们在把关时更多是依靠自己的认知结构和动机来进行判断的。"李文文给出了与其他人截然不同的观点（如图3-2所示）。

图 3-2 新时代的"智能把关人"

"你说的把关人主体增多是没错,但这并没有降低把关的难度啊。正是因为更多受众的转发和分享,信息传播才更加不可控,把关才更困难了不是吗?"针对李文文的观点,卢方娜迅速给出了回应。

"我知道你说的是虚假信息传播的问题,你认为更多受众参与信息传播,会导致信息传播更加不可控,是先入为主地认为受众传播的都是虚假信息。如果是在这种假设情景下的话,我觉得谈论什么都是无意义的。"李文文针锋相对地展开反击。

"我没有这种假设,我只是说在微博的传播环境中,虚假信息在一次次传播过程中会不断发酵,由此形成'三人成虎'的效果,真的被说成假的,假的被说成真的,把关人根本控制不住海量的信息传播。我觉得你要抓住问题的重点,不要曲解我的意思。"说完这些,卢方娜没有坐下,而是摆出了随时迎击的准备。

"我没有曲解你的意思,只是觉得你过多强调一次次传播对虚假信息的扩大作用，而忽略了每一个受众作为把关人，也具有分辨真假的能力。有些受众会将虚假信息传播出去，有些受众却会在甄别之后传递出正确的信息，这一点也是不容忽视的。"李文文似乎找到了对手的漏洞，并发起了猛烈攻击。

原本氛围不错的群体讨论瞬间演变成两位同学的战场，马鹏伟和其他同学已经看呆了，勒温导师的神情也似乎有些焦急和紧张。眼看"惨烈的战争"一触即发，勒温导师及时站了出来。

"很好很好，同学们的讨论非常精彩。我觉得关于把关人理论在现代传播环境中的变化这个论题似乎比较大，有兴趣的同学可以将其作为毕业论文的选题，我们在这里就不做延伸探讨了。本周我们关于把关人理论的讲解就到这里，下节课我们将开始新的内容讲述。"勒温导师发表完讲话后，又迅速地消失了。

第三节　人人都有"气场"

"不知道上一节课的内容大家消化了多少，鉴于时间有限，我们的第二堂课依然要速战速决。"勒温导师以一句玩笑话开篇，但其现场效果却是十分有限。

"老师，这节课您想讲些什么内容？"马鹏伟好奇地问道。

"这节课我们来了解一下自己，同时也了解一下我们身边的生活空间。"勒温导师的回答模棱两可，几乎没有人知道他接下来要讲些什么。

"接下来我要讲的内容在传播学领域的应用可能并不多，更多人将其归入到社会心理学范畴之中，但在我看来，涉及人的内容研究，或多或少都与传播学有关联。因此，大家了解一下这些内容，也是颇有益处的。"勒温导师又开始了开讲前的铺垫工作。

"在课程开始之前，我想问一下大家对'场'这个概念的理解，有人知道这个概念吗？"勒温导师向同学们抛出了一个问题。

课堂中的同学都很清楚，勒温导师既然专门提出了这个问题，就显然不是在问这个概念的基础含义，应该要说一些深层的意义才行。

"在物理学领域中，'场'是一个以时空为变数的物理量，主要有标量场、矢量场和张量场等类别。其被认为是可以延伸至整个空间的，但实际上，每一个已知的'场'在足够远的距离下，都将缩减到无法测量的程度……"马鹏伟起身说了一大段内容，这让同学们大为惊诧。

"说实话我也不太理解这些内容的意思，关于'场'这个概念，网上就是这么说的。"马鹏伟笑着补充道。

"如果要刨根问底地说，你提到的这个概念我了解的也不是那么深入，但我今天要说的'场'的概念确实是从物理学中借来的。"勒温导师接过马鹏伟的话说道。

"我所要说的'场'是一种个体与环境相关作用的整体形态，其不仅仅指知觉到的环境，而且还包括认知意义，既有物质环境中的某些事件，也包括个人信念、感情等精神层面的内容。

"我们这节课的标题是'人人都有气场'，相信经过上节课两位同学的精彩辩论，大家也发现了这一点。但我这里要讲的'场'的理论，可并不仅仅是气场那么简单，接下来我要讲的内容，大家可要保持专注听讲才行。"勒温导师似乎想稍微缓解一下课堂气氛，但效果依然不那么好，整个教室似乎又升腾起一丝战争的硝烟。

"我所说的这个'场'也可以理解为一种生活空间，其包括个体以及他的心理环境，是决定个体在某一时间里的行为的全部事件的总和。我认为，人的心理和行为决定于内部需要和环境的相互作用，而人在过去和现在形成的内在需求都可以看成内在的心理力场。如果人的需要没有得到满足，其便会在内部力场产生张力，而环境因素很可能促使这种张力产生。"勒温导师开始了自己的讲述。

"您说的这种力场和张力主要指的是什么？是类似内心急切的感觉吗？"卢方娜似乎有些搞不懂勒温导师所说的力场和张力的问题。

"你可以这么理解，我认为那应该是一种紧张状态。处于特定生活空间下的个人，其身心需要与发展愿望往往产生一种心理上的紧张或张力，通常情况下个体倾向于不断消除或缓解自身的心理张力，实现心理平衡，而心理张力的消解依赖于需要与愿望的满足与实现，这就需要个体在紧张性力场下，不断调整自身的身心状态、认知理念、动机水平、行为意愿等，以此更好地实现与环境的相互作用，达到个体内在心理和外部环境的平衡和谐状态。

"在个体行为表象的背后，往往存在着决定该行为的内在动力，而这种决定力量，主要是行为主体所处的整个主观环境，也就是前面提到的'生活空间'或'心理场'。人的行为是其个体与环境相互作用的结果，由此去考察人的个体行为，我们可以找到人类行为的基本规律。"勒温导师又给出了一大段更为专业的解释。

"感觉还是不太清楚。"卢方娜依然一脸迷惑，课堂中的其他同学似乎也是如此。

"简单来说，我所提出的这种场的理论，其目的主要在于预测个体的动机行为，由此得出的结论是人的行为是个体要素与其周围环境相互作用形成心理场的结果。下面我以游客游玩景区时乱涂乱画的不文明行为为例,具体来说一下其应用意义。"勒温导师打算放弃理论论述,而改以现实例子进行解释。

"游客在文物古迹上刻画可以看作其个体需求,当这种个体需求与环境要素产生矛盾,就会导致其对文物古迹历史意义认知的不完整,由此他便会产生刻画意义超越保护意义的心理场,从而出现在文物古迹上刻画的不文明行为(如图 3-3 所示)。

图 3-3　个体需求与环境要素的矛盾催生不文明行为

"从场论角度去考虑，游客的这种不文明行为也是其个体因素与周围环境因素相互作用的结果。这里面的个人因素主要包括其个体需要、个人态度和个人价值观等，而环境因素则是其生活的社会环境、景区的管理环境和周边的情景环境等。"勒温导师讲完这些内容后，脸上流露出紧张神色，他环视课堂，似乎在等待大家的回应。

"现在明白了。我们是不是可以把这个理论用在传播学领域，去研究受众行为和心理方面的问题。"卢方娜似乎看出了导师的意图，及时给出了回应。

"不错，在这堂课开始前我曾提到，这是社会心理学领域的重要理论，但既然涉及人的内容，就跳不出传播学的范畴，所以将其应用在传播学领域是没有问题的。至于要怎么来应用，我们将在下节课为大家继续讲述。"说到这里，勒温导师的紧张感已荡然无存，他微笑着结束了这节课。

第四节　换个环境去影响你的受众

"上节课末尾，我们留下了一个问题，在这节课我们来一起解决它。因为是本周的最后一节课，希望大家都踊跃发言、积极互动。"从勒温导师的这段话来看，他似乎又打算将发言权交给同学们。

"关于场论的基本内容，我们已经在上节课中进行了介绍，但其在传播学领域的应用我们并没有过多地展开说明，在本节课中，我们就一起来讨论一下。"

"上节课我们谈到游客在景区不文明行为的产生,是游客个体需求和周边环境共同作用的结果。同学们还能举出哪些例子来说明这一理论吗?"勒温导师首先向学生们提出了问题。

"我觉得现在学生们普遍喜欢流行音乐,而对古典音乐的接受程度却不那么高,这之中也是场论在发挥作用。"脖子上挂着耳麦的林凯最先回答道。

"学生对音乐的偏好,不错,这之中场论确实发挥着作用。"勒温导师评价道,"还有其他的吗?"

"当前社会上出现的各种犯罪行为,是否也可以用场论去解释,那些犯罪分子的犯罪行为也应该是个体需求和周边环境共同影响的结果?"卢方娜给出了另一种答案。

"犯罪行为,这样表述没有问题,但你能不能用具体的例子来说一说呢?"勒温导师追问道。

"具体来说,比如说一个人去金店偷窃,从个人需求来讲,可能他比较缺钱,而且在他个人意识中可能认为偷窃行为没那么严重;从周边环境来讲,可能因为这家金店安保做得不好,连摄像头都没安装,也可能上一个在这家金店偷窃的人还没有被抓住,给了他信心。正是这两方面因素导致了他去金店实施偷窃行为。"卢方娜补充道。

"很好,这个例子解释得很到位。在这里我希望大家思考一下,如果这两方面因素中,有一方面因素缺失,他是否还会去金店偷窃呢?"勒温导师借着卢方娜的例子提出了新的问题。

"个人需求缺失的话,这种行为肯定不会出现啊。都不想偷,怎么能去偷呢?"马鹏伟回答道。

"那环境方面的因素呢?"勒温导师追问道。

"如果金店安保措施足够严密,摄像头布置得密密麻麻,他应该也不会去偷窃了。明知道会被抓到,怎么还去做呢?"马鹏伟补充道。

"是这样吗?那么那些去抢劫金店和银行的人的行为又怎么解释呢?他们因为害怕被发现,就不去抢了吗?"勒温导师继续追问道。

"因为他们蒙面了啊,所以还是怕被发现的。但这样说的话,那即使环境条件不成立,个人需求足够强烈的话,行为也会随之发生,是这样吗?"马鹏伟又将问题推了回去。

"如果是这样的话,你们能得出什么样的结论呢?"勒温导师没有正面回答马鹏伟的问题,而是提出了一个新的问题。

"这样是不是说人的行为产生会受到个体需求和周边环境的双重作用,但这之中,人的个体需求是起决定性作用的,它在很大程度上决定着人的行为。这样来说,我们就比较好去理解那些铤而走险的人的行为了。"虽然在前面没有回答问题,但李文文对这些问题的总结还是相当准确的(如图3-4所示)。

图3-4 场动力理论

"没错,我想说的正是这个意思。在了解了这些内容后,我们要如何将其应用到传播学之中呢?"铺垫了这么多内容,勒温导师准备开始讲述本节课的主要内容了。

"我虽然没有对传播学中的受众行为进行过细致研究,但从我的场论中,大家应该能对传播学领域中的受众行为有一些了解。接下来我们将讨论的范围局限在广告宣传这一事件之中,来一起聊聊该如何去影响自己的受众。"勒温导师为下面的讨论确定了范围,同学们也开始思考起来。

"广告主对于受众行为是极为重视的,广告宣传是他们影响受众的主要手段,在广告宣传过程中,就会涉及我在场论中提到的个体需求和周边环境等因素。关于这一点,有哪位同学可以用一个例子说明一下吗?"勒温导师问道。

"如果一家企业向消费者推广自己的洗发产品,那它在广告宣传中就需要注意受众的个体需求和周边环境的问题,当然受众的个体需求是首要考虑因素。"卢方娜举例说道。

"然后呢?"勒温导师追问。

"在确定完目标受众后,企业需要分析受众的个体需求,比如他们的头发面临哪些问题,他们在选择洗发水时想要达到哪些效果。然后在考虑周边环境时,主要就是考虑如何设计广告内容。可以选择明星代言,让明星去影响受众。也可以考虑选择普通人作为主角,让受众产生'效果看得见,自己也能行'的感觉。"卢方娜补充解释道。

"我觉得企业需要先分析受众的个体需求,然后再去确定目标受众。就是说企业的洗发水产品如果是控油保湿的,那它就应该将具有油性发质、渴望控油的受众作为目标受众去宣传,而不是先了解受众头发有哪些问题,再去确定如何宣传,这样根本是本末倒置的。"李文文似乎找到了卢方娜例子中的问题。

"这为什么是本末倒置?一家企业只有一款产品吗?肯定是

多种产品互为补充的啊！"卢方娜对李文文的质疑给予回应。

"我没有说产品的问题，我说的是确定受众需求的问题。"李文文回应道。

"好好好，两位同学说得都很好，我们先不讨论产品，也不讨论受众，还是回到广告宣传上来。"勒温导师及时制止了一场"厮杀"。

"在广告宣传中，受众的个体需求和周边环境都是需要考虑的因素，这一点两位同学说得都很不错。在考虑个体需求方面，企业肯定是要抓住受众的需求，才能去'对症下药'的，受众需求在广告宣传中起到决定性作用。而在周边环境因素中，也正如第一位同学所说，广告实际上就是在营造一种环境去影响受众，其效果虽然不好确定，但确实是在起作用的。"勒温导师分析道。

"广告宣传的目的是让受众产生消费行为，受众消费行为产生需要靠其个体需求和周边环境共同起作用。如果受众觉得头屑不断，想要找一款去屑洗发水，正好看到广告宣传说某明星用的一款洗发水去屑效果很好，而在线下商场受众又被导购员百般劝说，最终买下了这款洗发水。正是在这种情况下，消费者才产生了消费行为。

"说了这么多我们究竟想要表达什么呢？这时候有必要重复一下我们的标题，'换个环境去影响你的受众'。如果你的广告无法影响到你的受众，你可以试着换个环境，当然，想要从根本上影响到受众行为，深挖受众个体需求才是主要工作。"勒温导师发表了最后总结。

"关于这一理论的其他传播学应用，同学们可以在课下多多考虑，我的课程就到这里了，很高兴与大家分享我的知识。"说罢，勒温导师便消失在同学们的视野之中。

第四章
保罗·F. 拉扎斯菲尔德导师讲"传播效果"

在本章中,保罗·F. 拉扎斯菲尔德导师将围绕"伊里调查"为同学们介绍"传播效果"的内容。作为传播学四大奠基人之一的他,也是实地调查法的重要传播者,对后来的传播学研究方法产生重大影响。他将自己的"两级传播""意见领袖"和"选择性接触"等内容融入课程中,以社会现实为例,为同学们带来了诸多精彩内容。

保罗·F. 拉扎斯菲尔德

(Paul F. Lazarsfeld,1901年1月2日—1976年8月30日),奥地利裔美籍著名社会学家、传播学家。其在1925年毕业于维也纳大学,曾获数学博士学位,并在社会心理学和传播学研究方面著述颇丰。拉扎斯菲尔德对传播学的主要贡献在于提出了"两级传播"理论。其主要著作有《人民的选择》《美国士兵——述评》《社会研究的语言》等。

第一节 选战宣传的"传播效果"调查

传播学课程已经过去了三周，同学们的听课热情依然高涨，教室外面挤满了人，坐在课堂中的卢方娜则在认真地整理笔记。知道这节课的导师是拉扎斯菲尔德之后，她花费了不少时间整理与其相关的理论，希望能够在课堂上与拉扎斯菲尔德导师一同探讨自媒体时代中的"意见领袖"问题。

有这种想法的自然不止卢方娜一人，很多同学似乎都有所准备，看来这一周的课程应该会更加热闹一些。

"各位同学大家好，本周的传播学课程由我来为大家讲述。在 1940 年，我和我的团队一起进行了一项调查，调查的目的是发现人们为什么以及怎样决定投票，找到影响他们的主要因素是什么。我在本周所要讲述的内容，正是基于这一调查，所以在介绍具体理论之前，有必要先了解一下这次调查。"拉扎斯菲尔德导师并没有过多介绍自己，而是直接切入了主题。

"可以问一下您是如何确保调查准确性的呢？现在我所接触到的一些社会调查，无论从过程还是结果看，都不那么尽如人意。"提出问题的并不是在校学生，而是一位身着西装的商务人士。

"在我们之前也有一些研究者做过选举方面的调查，他们更多采用公共民意测验的办法，通过将政治观点和个别选民的特点联系在一起，来揭示选举之前的选民投票意图。为此，他们在投票的某些决定因素上做了大量细致研究，但在这一方面我觉得他们所做的还是有所不足的。

"我认为,对不同的人进行的连续的民意测验,没有办法调查出全部效果。这种方法虽然可以找到各种转变的结果,但却忽视了一些次要转变,在大多数情况下,研究者们并没有指出谁在转变。"拉扎斯菲尔德导师解释道。

"您和您的团队是因为这一原因才将调查对象集中在个人选民身上的吗?"商务人士继续问道。

"没错,因为此前研究者的调查无法跟踪个别选民在投票过程中无法预测的行为,所以没办法发现各种影响要素对选民最后投票所起到的作用。

"我认为我们应该全程追踪一个人在政治选举中投票态度的转变,从选举开始前他对选举的态度,到对正式的猛烈宣传攻势的反应,再到选举日的实际投票。只有通过这样全程追踪的调查,我们才能更加准确地从既有倾向和刺激因素两个方面确立各种影响投票的因素的作用。"拉扎斯菲尔德导师进一步阐述了自己的调查方法。

"那您能详细为大家介绍一下这项调查的细节吗?"商务人士问道。

"我确实打算这样做,但因为时间有限,我只能挑一些重点细节说明。在后面的几节课中,我将着重介绍我们得到的结论。"拉扎斯菲尔德导师解释道。

"我们的调查是在俄亥俄州的伊里县进行的,之所以选择这里:一方面是其选民规模较小,并且允许对调查人员进行严密监督;另一方面则是因为其较少受大的中心城市控制,比较具有典型特色。

"我们通过逐户探查的方式,从伊里县选出了3000名具有代表性的选民。然后通过分层抽样的方法,从测验组中选取了 4 个 600 人的样本组。这 4 个 600 人的小组中有 3 个都只被重复访问了一次,我们将它们当作控制组,想以此来测试重复访问对固定样本组的影响。剩下的一个组被当作固定样本组,在 5 月到 11 月期间,每个月都会被访问一次(如图 4-1 所示)。

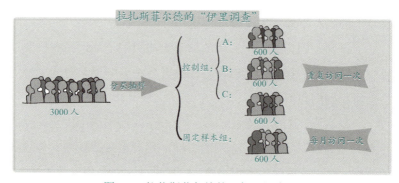

图 4-1　拉扎斯菲尔德的"伊里调查"

"从 1940 年 5 月到 11 月,我们对 600 人的固定样本组进行了重复观察,由此获得了每位受访者的大量信息。我们搜集的细节信息可以表现出他们为何改变,也可以了解到他们的政治偏好是如何形成的。"拉扎斯菲尔德导师详细介绍了调查的各个细节。

"在调查过程中,是否有一些比较典型的例子,来帮助您得出并印证最后的调查结论?"商务人士继续问道。

"这种例子有很多,仔细想来,确实有一个例子颇为典型。"拉扎斯菲尔德导师似乎在尽力回忆着什么。

"在我们调查的选民中,有一位选民比一般选民的态度变化更为频繁,所以我们特别关注了他。这是一个年轻人,在 5 月选举开始时他并没打算选任何人,但在 11 月他却选择了罗斯福。"拉扎斯菲尔德导师讲到这里时停顿了一下。

"他是突然就做出了决定吗？"穿着西装的商务人士并没有坐下，而是趁着导师停顿的间隙，插入了自己的问题。

"不不，如果你认为他是在某一时刻突然而轻易地做出了决定，那就大错特错了。事实上，他的投票过程是非常曲折的。"拉扎斯菲尔德导师及时纠正了商务人士的错误理解。

"这是他第一次参加投票，受过高中教育的他经济水平还算可以。最初他是支持共和党提名人塔夫脱的，原因很简单，这位提名人也是俄亥俄州的居民。但由于小伙子的祖父忠于民主党，这让他多少产生了一些动摇。

"7月，他为了让祖父高兴，表示一定会选择罗斯福。而到了8月，由于罗斯福支持征兵制度，他又转向支持威尔基，虽然当时他对威尔基这个人几乎一无所知。

"在接下来的时间里，他又陷入了犹豫不决之中，他对征兵制度不满，所以反对投票给罗斯福。但由于对威尔基完全不了解，他也不想轻易投出自己的选票。在这段时间，他甚至打算投出弃权票。

"就在投票前的几天时间里，他依然不确定把票投给谁。但在投票选举当日，他将选票投给了罗斯福。因为他讨厌威尔基在电视新闻中拉选票的行为，同时他也受到自己同工厂的同伴影响，他们都投给了罗斯福。

"从这位年轻人投票的过程可以发现，在使用重复访问方法之前得到的数据，大多数是不可信的。我们用固定样本的方法更为有效地解决了选举调查这个问题，同时得出了一些更为准确的结论。"拉扎斯菲尔德导师解释道。

"通过这种调查方法，您主要得出了哪些更为准确的结论？或者说，这种方法到底怎样帮到了您呢？"商务人士再一次提出问题，这显得整个教室中似乎只有他一个人一样。

"这种方法帮到我的地方有挺多的，单纯在传播效果方面就有很多。利用这种方法，如果受访者在两次访问期间改变了自己的投票意图，那我们就可以在这个过程中及时捕捉到他的态度。

"当然，我们没必要去调查一个一辈子都支持共和党，并始终坚持为共和党投票的人。但如果一个选民上个月还打算投票给民主党，但这个月却打算投给共和党，在这种改变中我们就需要去判断宣传的有效性和选民所受到的各种影响了。

"如果你想问我们得出了什么结论，答案似乎会令你感到遗憾，我们认为大众媒介对选民的影响是非常有限的。"拉扎斯菲尔德导师见商务人士似乎又要提问，迅速用调查结论进行了总结，从而结束了自己的第一堂课。

第二节　很遗憾，大众媒介影响不到选民

"1940年选举开始后，民主党和共和党掀起了激烈的选战。选战双方都很清楚，他们所要做的不是让选民在自己已有意识基础上形成新的主张，而是要让他们肯定自己旧有的见解。参选者们之所以注重选战，是因为他们都知道选战可以激活选民潜在的既有倾向。

"那这些参选者们究竟要使用哪些手段去激活选民潜在的既有倾向呢？关于这个问题，我想听听大家的看法。"第二节课一上来，拉扎斯菲尔德导师首先提出了一个问题。

上堂课中的商务人士似乎并没有出现在课堂之中，这导致拉

扎斯菲尔德导师的问题提出后,并没有人立刻站起来回答。

"在过去时代,主要是依靠报纸、杂志和广播等大众媒介,更近一些,电视媒介开始出现,而到了现在,互联网则成为主要的信息传播手段。"卢方娜将从过去到现在的大众媒介都提了一下,唯恐自己漏掉了哪一个。

"人与人之间的口耳相传也应该是选战中的一种主要传播方式,很多时候,从效果上来看,直接的人际传播要比广泛的大众媒介宣传效果更好。"李文文对这一问题进行了补充,结合两人的答案,这个问题的回答已经近乎完美。

"很好,综合两位同学的回答,我们可以得到一个颇为完整的答案。在调查中,我们将正常的激活过程分为四个阶段,分别是宣传唤起注意、兴趣增大引致接触增多、注意是选择性的,以及选意确定。

"在'宣传唤起注意'阶段,随着选战宣传力度的增加,人们对选举的兴趣会持续增长;在'兴趣增大引致接触增多'阶段,当人们了解选战后,会开始主动收听周边相关信息;在'注意是选择性的'阶段,选民开始意识到身边发生的一切,面对诸多宣传开始进行选择;在'选意确定'阶段,选民的潜在倾向被激发出来,他们已经有了足够的理由做出决定。"拉扎斯菲尔德导师继续讲述选战宣传是如何影响选民的。

"如果选民在选战开始前就确定了该投给谁,而在选举投票时也确实这样做了,那是不是说选战宣传对这些人丝毫没有影响呢?"卢方娜适时提出了自己的问题。

"这种观点是完全错误的。对于这些人来说,选战宣传对他们的影响就是让他们保持了以前的决定,而没有做出新的决定。也可以说,选战宣传对他们的投票行为产生了强化效果。"拉扎斯菲尔德导师解释道（如图 4-2 所示）。

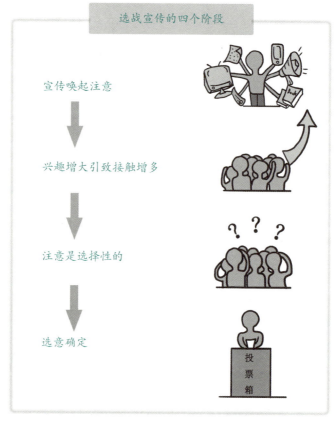

图 4-2　选战宣传的四个阶段

"那您在上节课末尾为何又会说到'大众媒介对选民的影响是非常有限'的呢？这些选战宣传不正是通过大众媒介在发挥作用吗？"卢方娜继续追问道。

"没错，大众媒介确实会在选战宣传中发挥作用。事实上，选战宣传正是通过被广泛阅读的报纸、杂志，以及被最广泛收听的竞选演说和新闻广播而进入伊里县的。伊里县的听众和读者所接触到的选战情报与全国各地的听众读者接触到的内容并没有太大区别。

"在1940年的选战中，许许多多的人都参与到了选战宣传之中，由此带来了极大的选战信息输出量。但是，这些选战信息有多少被人们接受了呢？答案很可能会出乎大家的预料。"拉扎斯菲尔德导师说。

"我们以选举日前几天来说，这几天可以算得上大众媒介政治宣传最为激烈的日子了，报纸、杂志和广播中充斥着选战双方的政治宣传，如果人们想要获取选战信息，这些天无疑是最好的时候。但实际情况又是如何呢？

"在选战的最后12天中，伊里县的受访者中有54%听过至少五分之一的政治演说广播；有51%的人读到过至少一篇于访问前一天出现在他们喜爱的报纸头版上关于选战的报道；也有26%的人在流行的大众杂志上读到至少一篇有关选战的文章。但更为重要的是，在这段时间里，大约有一半的人不再去理会杂志上关于选战的报道。也就是说，选战的政治宣传在这段时间甚至没有触及他们。"解释了诸多内容，拉扎斯菲尔德导师终于讲到了重点。

"您的意思是说，有一半的选民在选举后期基本不去接触，或者说接触不到大众媒介传递而来的选战信息吗？"卢方娜似乎并不认可导师的内容，她继续提出自己的疑惑。

"不去接触这种说法并不确切，接触不到在一定程度上是存在的。一般来说，对选举感兴趣，并且在最初便做出决定的人，会更多地去接触选战宣传。从受众角度考虑，这些受众并不是选战经理们的目标受众。选战经理们最希望将选战宣传信息传递给那些还没有做出决定的选民们，而这些人也恰恰是接收到宣传最少的群体。

"这也是我们在选战调查中发现的有趣现象,那些接触到选战信息最多的人往往是最不可能受到影响的,他们早早便做出了决定,在选战宣传中也一直坚持着这个决定,所以选战宣传不可能改变他们的投票决定。

"前面提到,选战宣传的目的在于转变选民的决定,但它们最可能到达的人群却是最不可能发生转变的选民,而最易发生转变的人们则几乎不可能接触到选战宣传的信息。这正是我们得出'大众媒介对选民影响非常有限'这一结论的主要原因。"拉扎斯菲尔德导师似乎打算对这个问题进行盖棺定论,直接进行了总结说明。

"那要这种选战宣传有什么用呢?但从现实来看,这种宣传确实影响到了大多数选民啊?"卢方娜似乎依然存在疑问。

"大多数选民确实受到了选战宣传的影响,但这种影响并非是直接产生的,而是通过一些中间介质,或者说是中间人来实现的。

"在整个选战宣传中,政治信息传播需要经历两个过程:第一个过程就是从大众媒介开始向外传播,其所指向的主要是舆论领袖,也就是前面提到的对选举感兴趣的人。第二个过程则是从舆论领袖开始,向社会大众扩散,舆论领袖所传播的是经过他加工的大众媒介信息,所以最终对大众产生影响的信息,主要是舆论领袖向大众传播的。

"关于这一方面的内容,我们将在下节课中进行详细讲述,在这里就不进行展开论述了。"拉扎斯菲尔德导师在解答完学生的问题后,结束了自己的第二堂课。

第三节　人际传播的作用要大于媒介传播

"在1940年的选举中，广播、报纸和杂志作为主要的大众媒介，在选战宣传方面发挥了重要作用。我们在进行传播效果调查时，曾对这几种大众媒介进行过探讨，得出了一些有用的结论。在开始讲解新的课程之前，我想先说说这一方面的内容。

"我们在大选刚结束时，就要求选民们回忆他们所获得的引导自己做出投票决定的信息大多来源于何处，接着又询问他们认为最重要的信息来源是什么。通过总结选民们的回答，我们得出结论——在正式媒介对投票意图或真实投票行为的影响程度上，广播要比报纸更为有效。"拉扎斯菲尔德导师说道。

"根据上面的结论，我们是否可以认为，在现在的选举中，互联网的信息传播效果要比电视新闻更好一些呢？"卢方娜问道。

"为什么会得出这样的结论，说说你的理由。"拉扎斯菲尔德导师反问道。

"以我个人来讲，在众多大众媒介中，我与互联网的接触较多，广播、报纸和杂志很少看，电视媒介因为不那么便利，所以也很少选择。而且在现在互联网可以作为其他大众媒介的载体，在互联网上也更容易获得即时信息。"卢方娜解释道。

"你所说的即时信息这一点我比较认同，之所以在1940年的广播报道要比报纸杂志效果更好，主要是因为其可以调动选民的情感。在广播中，选民们可以听到候选人的重要演说，听到选举经理们的摇旗呐喊，这要远比印刷媒体有温度得多。而在现在，互联网确实也可以做到这一点。"拉扎斯菲尔德导师回应道。

"这样来看大众媒介在选战中不是起到了影响选民的作用吗？"林凯问道。

"确实起到了作用，但从效果上来说，这种作用要明显小于人际传播所起的作用。"拉扎斯菲尔德导师回应道。

"除了关注选战宣传中的大众媒介，我们还着重调查了选民中究竟哪些人对选举更感兴趣。大家现在可以根据自己的经验推断一下，究竟哪些人是对选举最感兴趣的。"拉扎斯菲尔德导师提出了一个与同学们互动的问题。

"应该是上了年纪的人吧，像我爷爷那辈的人会更关注政治上的事情。"林凯说道。

"这和受教育程度有一定的关系，一般受教育程度较高的人会更关注这方面的事情，他们也更容易理解这些事情。"李文文回答道。

"应该也和经济收入有关，没钱人没时间关注那些与吃饱饭无关的事情，有钱人才会去想这些。"马鹏伟的语气虽然不是那么正儿八经，但回答还是比较到位的。

"很好，看样子大家不用调查就知道答案了。我们在调查中发现，那些对大选最感兴趣的人往往生活在城市地区，具有较高的受教育程度和较高的社会经济地位，以男性和老年人居多。

"同时，我们发现对选战参与程度最低的是那些不投票的人，而对选战参与程度最高的则是那些'意见领袖'们。

"关于'意见领袖'，这是我和我的团队给这群人定的一个称呼。在每个公共领域和每个公共问题上，都会有某些人最关心这些问题并且对之谈论得很多，我们将这些人称为'意见领袖'。"

拉扎斯菲尔德导师又是铺垫了许久,才引出了自己的重要观点。

"需要指出的是,意见领袖与同社区中的社会名流、最富有者和公民领袖可并不是一回事。他们存在于每一个社会群体之中,虽然数量较少,但他们政治思想非常活跃、敏感,并且喜欢影响其他人去做出决定。

"在人际关系网络中,意见领袖扮演着重要的角色,他们要比其他选民更多地参与政治谈论。我们曾单独对这些意见领袖进行调查,他们认为正式媒介是比人际关系更为有效的信息影响来源,这就是说信息传播最初是从广播和印刷媒介流向'意见领袖',然后再从'意见领袖'传递到那些并不活跃的人群的。"在介绍完'意见领袖'理论之后,拉扎斯菲尔德导师又对两级传播理论进行了阐述。

"在这种两级传播模式中,我们要如何界定哪种是哪一级传播对选民的影响更大呢?如果没有第一级传播存在,会发生第二级传播吗?"卢方娜问出了关键问题,从拉扎斯菲尔德导师的表情来看,这个问题似乎并不好回答。

"我们在调查中曾将选民们划分为几个不同的类型,如'5月选民''6~8月选民''9~11月选民'等。我们发现那些在最后时段做出决定的人们对选举的兴趣更低,而且他们大都受到了更大的多重压力。这些多重压力主要是影响投票决定的各种因素,其表现是方方面面的(如图4-3所示)。

"在选战中较晚做出决定的人,在解释自己如何形成最终投票决定时,普遍提到了个人影响。我们也发现,那些对大选不太感兴趣的人也更多的是通过这种人际交流来获取信息,而不是将正式媒介作为信息来源的。从调查数据来看,那些曾经不打算投票,但在最后又投了票的选民中,有 3/4 的人提到了个人影响。

图 4-3　两级传播

"我们在大选之后,曾询问选民从哪些来源得到的信息更多,并影响了他们最终投票的决定,那些在大选中发生过转变的人比那些始终保持自己投票意图不变的人更多地提到了他们的朋友或家庭成员。"拉扎斯菲尔德解释道。

"关于人际传播是如何影响选民投票意愿这一问题,您能详细分析一下吗?其背后是否存在着什么隐性的因素在起作用?"卢方娜继续展开追问。

"我不大了解你所说的这种隐性因素是在指什么,关于人际传播是如何起效果的,我觉得把握了人际关系的特点,应该能更好地理解这一问题。下面我来逐一进行介绍。"拉扎斯菲尔德导师似乎要展开长篇论述了。

"第一,人际交往通常是无目的性的,其在影响个人意见时也往往有此特征。比方说,一个人在观看电视新闻时可能会认为新闻是在向自己有意识地传输什么内容,由此他可能会在大脑形成一种潜在的抵触情绪。而在人际交往中,同样的内容被偶然提及，人们反而更容易接受，而较少有内在的抵触。

"第二，人际交往具有一定的灵活性，即使对方产生抵触情绪，我们也可以通过面对面的交流去制衡或消减这种抵触情绪。如果谈话的内容让对方感到厌烦了，及时转换话题，或者稍做让步，对方就会继续听我们讲下去。

"第三，当人们屈从于个人影响而做出决定时，其所获得的好处是即时性和个人性的。如果一个朋友推荐你购买一件商品，你选择顺从，会让他感到喜悦。相反，如果拒绝他，他可能会感到悲伤。

"第四，在人际交往中，人们往往会更容易信任其所处群体中受他尊敬者的判断和评估。相比于大众媒介的判断，人们更愿意相信自己身边人的建议。

"第五，回到选举投票中，如果你没有想好把选票投给谁，而这时你的朋友跑过来要拉着你一同把票投给罗斯福，你会拒绝他吗？大多数人都会跟着朋友一起去投票，显然这一点是大众媒介无法做到的。

"上面提到的几个人际关系的特点正是我在此次选举调查中得出的，在现实生活中，大家应该能够找到更多的相似例子。关于这一方面问题，本节课就讲到这里，下一节课我们来详细探讨一下'意见领袖'的问题，相信有很多同学对这个问题感兴趣。"拉扎斯菲尔德导师一口气说完了人际关系的特点后，对本节课进行了总结。

第四节　一个 KOL 的自我修养

"在上一节课中我们提到，在大众传播中，大众媒介向社会大众传递信息时，存在两级传播现象。而在两级传播中，'意见领袖'发挥着重要作用。"拉扎斯菲尔德导师这一次没有铺垫，而是直接切入了课程的主题。

"大众媒介传播出来的信息并不会全都直接到达每个受众，很多时候这些信息会被'意见领袖'先接受。在分析判断后，'意见领袖'会对信息进行筛选和加工，可能还会加入一些自己的想法，然后再将这些信息传达给受众。'意见领袖'们想要通过这种方式来影响其他受众，从而让受众对大众媒介的信息产生这样或那样的看法，在一定程度上受众的看法和态度，还会在小范围内形成舆论。

"当然，这是我们那个时代的'意见领袖'，在本节课中，我想和大家聊的是你们这个时代的'意见领袖'。互联网发展到今天，'意见领袖'已经不再局限于上节课我们谈到的那些人。现在同学们可以好好想一想，自己身边哪些人担当了'意见领袖'这一角色。"拉扎斯菲尔德导师在本节课中似乎很有意愿要与同学们互动。

"那些各大平台上带货的主播们应该算得上是现代的'意见领袖'了，她们的一场直播动辄就能卖出几百万、几千万元，甚至上亿元的商品，相比于大众媒介上的广告宣传，她们的传播效果可以说是极为高效了。"卢方娜依然第一个给出了答案。

"游戏主播也算是'意见领袖'吧,他们会给粉丝带来一些最新消息和游戏技巧。虽然很多消息和技巧在网上都有,但粉丝们还是喜欢去观看直播。"马鹏伟也给出了自己的答案。

"贴吧和论坛中的版主应该也算'意见领袖',在这些网络社区中聚集着大量网民,版主或吧主往往是很有威望的,他们的价值判断、意见想法和态度行为,很容易影响其他网民。"林凯回答道。

"我认为现代的'意见领袖'并不容易界定,无论是带货的主播,还是论坛的版主,他们都无法代表一类人。有足够威望和影响力的代表确实可以成为'意见领袖',但他们之中绝大多数的人也只是普通受众而已。"李文文以一种总结发言的口吻结束了同学们对这一问题的回答,现在又轮到拉扎斯菲尔德导师进行论述了(如图4-4所示)。

"在讲'意见领袖'之前,我想先说说互联网媒介与传统媒介的区别,这将有助于我们更好地了解互联网时代的'意见领袖'们。"看样子,拉扎斯菲尔德导师又要进行铺垫了。

"在传统的大众媒介中,信息传播的传播者非常明确,他们在传播活动中占据着主动地位;而接受信息者往往处于被动地位。因为他们在大多数时候是难以准确定位的,所以其与传播者间的互动也是十分有限的。但在互联网出现后,这种局面就得到了显著改善。

"在互联网上,每个人都可以作为传播者去传播信息,同时也可以作为受众,去接受信息。传播者和受众间的互动显著增强,交流反馈也明显增多。这种改变同时也影响了'意见领袖'的形成,互联网时代的'意见领袖'与1940年时的'意见领袖'已经完全不同了。"一段简短的铺垫后,拉扎斯菲尔德导师又将话题引导到"意见领袖"上。

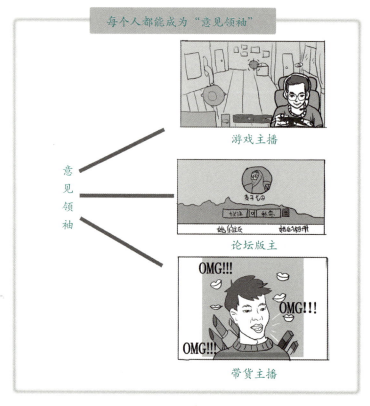

图 4-4　每个人都能成为"意见领袖"

"传统的'意见领袖'多形成于小群体或小圈子中,他们主要在人际传播和组织传播中发挥作用。在互联网时代,论坛、平台成为孕育'意见领袖'的载体,这些虚拟社区中产生的'意见领袖'要远多于原有的小群体或小圈子。

"在刚才回答问题时,最后一位同学提到并不确定这些'意见领袖'们是否算得上真正的'意见领袖',这也是我们接下来要讲的内容。现在我想问一下在座的各位同学，你们认为互联网时代的'意见领袖'是如何形成的？"拉扎斯菲尔德导师再次提出了问题。

"一般来说，至少要掌握一些稀缺的资源，像那些带货的主播们，至少你推荐的商品要比其他人买得便宜，同时还要保证商品的质量。做到这两点的主播，基本上就可以影响到一定数量的粉丝产生购买行为了。"卢方娜从自己的角度回答了导师的问题。

"游戏主播们肯定是靠自己玩游戏的水平和对游戏的理解，他们得有自己不一样的东西传递给粉丝，不然没人会买账。"马鹏伟则延续了自己一贯的答题风格。

"论坛的版主首先要保证发帖量和帖子的质量，至少你要在这一领域足够专业，对这一版块了解得足够透彻，这样你的话才有人信。"林凯回答道。

"大家说得都很不错，一个传播者如果想成为'意见领袖'，至少要能说服别人，如果没人相信你，你又如何去影响别人呢？大家都抓住了这一点，这是非常不错的。"拉扎斯菲尔德导师肯定了同学们的回答。

"最后一位同学提到了论坛中的发帖问题，点抓得很准，在互联网虚拟社区中，足够活跃应该是成为'意见领袖'的重要前提，很难想象一个经常'潜水'的人能够成为'意见领袖'。

"此外，大家还提到了在相关领域的专业度问题，这是成为'意见领袖'的必要条件，由古及今都是如此。这两方面的特征是各个时代的'意见领袖'都需要具备的，而还有一些特征，在传统媒介时代很必要，在互联网时代的必要性就没有那么强了。

"在传统大众媒介语境下，'意见领袖'必须足够活泼，他们需要面对面与受众展开交流，这对于一些满腹经纶却又不善交流的人来说，是非常不友好的。而在互联网媒介中，'意见领袖'并不需要去面对面与受众交流，他不必手舞足蹈地向受众解释或介绍，而只需要用文字表达出自己的深邃思想即可。

"当然，在一些特殊情况下，善于交际还是非常重要的，带货主播们如果做不好这一点，现场气氛应该会非常尴尬的。"拉扎斯菲尔德导师并没有将自己的论断作为结论，而是举出了一些特定的例子。

"现在我们再去考虑考虑最初一位同学的回答，她认为现在的很多带货主播、论坛版主都不能算是'意见领袖'。我想将这个问题作为本节课的最后一部分内容来讲解，在此之前，我希望先听听同学们的看法。"拉扎斯菲尔德导师又向同学们抛出了问题。

"没有人会认为所有带货主播都是'意见领袖'，有这种想法的人是想得太绝对了。"卢方娜回答道。

"我觉得现在的'意见领袖'在含金量上与之前比要差很多，这可能是准入门槛被降得太低了。很多人利用互联网的便捷性充当'意见领袖'去欺骗他人，这在之前是较为少见的。"李文文对此前的问题进行了补充（如图4-5所示）。

图4-5 "意见领袖"的"善"与"恶"

"关于这一问题,我想表达的是,与此前时代相比,互联网时代中'意见领袖'的形成时间确实大幅缩短了。传统'意见领袖'地位的形成,需要在日积月累中让他的言论口耳相传,这样才能在群体中树立威信。而互联网时代的'意见领袖'借助于互联网上信息传播的高效性,可以更快形成威望,所以成为互联网时代的'意见领袖'要更容易一些。

"但是,必须要指出的是,由于互联网上信息的不对称性,'意见领袖'所传播信息正确与否,很多时候是需要受众自己去验证的。如果盲目听信'意见领袖'的言论,很容易被诱导掉入别人挖好的'坑'中。"在总结之后,拉扎斯菲尔德导师话锋一转,给大家提出了警示。

第五节　谁在影响大众传播的效果

转眼间,拉扎斯菲尔德导师的传播学课程进入最后一节,前来听课的同学们依然人数众多,相比于前面的课程,拉扎斯菲尔德导师所讲述的内容似乎引起了更多同学的兴趣。

"在前几节课中,我们始终在强调大众传播效果的问题,并且介绍了两级传播和'意见领袖'的相关理论。经过这几节课的学习,不知道大家是否了解了究竟是什么因素在影响大众传播的效果?"拉扎斯菲尔德导师问道。

在前面的课程中,拉扎斯菲尔德导师似乎并没有提到"影响大众传播效果的因素"这一问题。这时候突然发问,让在座的同学们感到颇为诧异,以至于一时间并没有学生站起来回答问题。

"看样子我们有必要在这节课中着重介绍一下这个问题，这一问题对于大家认识大众传播，并了解其效果发挥，具有非常重要的作用。"看到无人应答自己的问题，拉扎斯菲尔德导师只得继续说道。

"此前研究者认为大众传播就像是带有魔法的子弹一样，能够轻易左右受众的态度和行为。但在我看来，大众传播的效果是有限的。除了对 1940 年选举进行调查研究，我和伙伴们还开展了一些其他方面的研究，正是基于这些调查研究，才得出大众传播对受众影响有限这一结论。

"在得出上述结论的同时，我们还找到了制约和影响大众传播效果的四个中介因素，它们分别是选择性接触机制、媒介本身的特性、讯息内容和受众本身的特质。在本节课中，我会着重介绍选择性接触机制，而其后面的三个因素，我希望由同学们自己来思考（如图 4-6 所示）。

"首先大家先来试着讨论一下后面三个中介因素是如何影响大众传播效果的吧！"拉扎斯菲尔德导师打算先将简单问题交给同学们自己思考，而后由自己来解决不容易理解的问题。

"媒介本身的特性我觉得应该是媒介渠道的问题，在大众传播中，选择不同的媒介渠道，传播效果会有所不同。在前面的课程中导师您也提到过，在 1940 年选举中，广播要比报纸和杂志的传播效果好。所以媒介特性对传播效果的影响，应该从不同媒介渠道的不同特性去分析。"戴着高度近视镜的郑朋率先回答了导师的提问。

"没错，这与我想的是一致的。"拉扎斯菲尔德导师对此给予了积极回应。

图 4-6　影响大众传播效果的中介因素

"讯息内容的范围是很广泛的，其中应该有语言表达的方法技巧不同，大众传播产生的效果也会有所不同。讯息内容越劲爆，关注并受到影响的受众应该会越多，大多数人都会在好奇心的驱使下，去继续对讯息内容进行挖掘。"马鹏伟对另一个中介因素发表了自己的看法。

"表述得比较准确，但是内容的劲爆性对大众传播效果的影响如何，我还需要进一步调查研究，才能得出一个准确的答案。"拉扎斯菲尔德导师的点评显得非常谨慎。

"从受众角度来说，正如您在 1940 年选举调查中得到的结论，受众的既有政治倾向会影响大众传播的效果。如果选战宣传信息传递到一位已经坚定投票选择的选民那里，他可能因为对选举不感兴趣,而不再对外传播消息。相反,如果信息传递到'意见领袖'那里,他们应该会为自己支持的候选人继续摇旗呐喊,去影响更多的选民。"卢方娜运用导师自己的理论回答了导师提出的问题,博来了导师的会心一笑。

"受众的社会关系也会影响大众传播的效果,一个隐居山林的人不仅不容易获得信息,也很少会对外传递信息。而一个被聚光灯包围的人,不仅被信息环绕,他自身更是一个信息扩散器。"李文文对卢方娜的回答进行了补充。

"很好,这个'扩散器'的比喻很不错。"拉扎斯菲尔德导师对同学们的回答显然十分满意。"那么下面我就来介绍影响大众传播效果的第一个因素——选择性接触机制。"

"在1940年选举调查之前,我和同伴发现,那些促进美国社会中来自不同国家移民之间相互了解的广播节目,很少能够产生效果。经过分析我们发现,其主要原因在于大多数听众通常只会收听节目中那些与自己国家相关的内容。

"到了1940年选举调查时,我们再次印证了自己的发现。在整个选战宣传过程中,只有8%的选民改变了自己的投票意向,大部分选民都没有发生改变。由此我们认为,受众的既有政治倾向在很大程度上影响着他们的媒介接触行为,他们会区别对待传播内容,而去更多地选择接触那些与自己既有立场和态度相一致或接近的内容。这就是我们提出的'选择性接触'理论。"拉扎斯菲尔德导师介绍道。

"我们在选择收看新闻时,有的同学喜欢看政治新闻,有的同学喜欢看娱乐新闻,有的同学则喜欢看军事新闻,这是不是就是选择性接触所导致的呢?"卢方娜问道。

"可以这么理解,在这一情境中,兴趣和个人爱好成为大家选择的依据。在一些其他情境里,群体价值和群体规范很多时候也会成为受众选择的依据。"拉扎斯菲尔德导师解释道。

"在我研究的基础上,我的学生伯克从研究受众心理出发,将受众的选择性接触机制改称为选择性心理,并将其划分成选择性注意、选择性理解和选择性记忆三个具体的环节。

"而所谓的选择性心理就是指在信息传播过程中,受众并不是对信息不加选择地接触,他们会根据自身实际情况有目的地挑选那些他们感兴趣的,或对他们有用的信息。而那些对他们没有用或与他们认知不相符的信息,往往会被过滤掉。此后,那些符合受众自身习惯理解和自身逻辑的信息,还会被贮存和记忆起来。"拉扎斯菲尔德导师说道。

"好了,在经过这几节课的学习后,相信大家对传播效果应该有了一个较为清楚的认知。据我所知,在后面的课程中,大家还会了解到其他导师关于传播效果的理论,到时相信大家对传播效果的认识将会更进一步。我的课程到这里就结束了,很高兴有机会与大家交流学习。"发表完总结陈词后,拉扎斯菲尔德导师逐渐消失了。

第五章
哈罗德·D. 拉斯韦尔导师讲"传播的结构与功能"

在本章中,哈罗德·D. 拉斯韦尔导师从"5W 模式"讲起,论述大众传播的主要功能。在后两节课程中,他还着重为同学们介绍了宣传的作用,并结合当下的社会语境,介绍了几种常见的宣传技巧。

哈罗德·D. 拉斯韦尔

(Harold D. Lasswell,1902 年 2 月 13 日—1978 年 12 月 18 日)是 1950 年代至 1970 年代美国社会科学大师。他在芝加哥大学获得哲学学士学位后,又在欧洲等国著名大学继续攻读研究生课程,获得了博士学位。

其一生共发表了超过 600 万字的学术著作,包括政治学、社会学、传播学等诸多领域内容。在传播学领域中,他提出了著名的"5W 模式"和"三功能学说",代表作品有《传播的结构和功能》《世界历史上的宣传性传播》《世界大战中的宣传技巧》等。

第一节　定义传播学的本质结构

"大家好，本周将由我来为大家继续讲述传播学的课程。相比于其他导师注重单点突破，我更喜欢从更广阔的范围去讲解。因此，在本周的课程中，我会从整体上带大家认识一下传播学究竟是什么样的。"拉斯韦尔导师用一段精简的话语介绍了本周的具体课程安排，同学们充满期待。

"那么，我要从哪来讲起呢？"拉斯韦尔导师自言自语道。

"老师，从'5W 模式'开始讲起吧！"林凯抢答道。

"'5W 模式'？好！那我们就先从这个内容开始。"从拉斯韦尔导师的表情可以看出，即使林凯不抢着回答，他也想好了要从"5W 模式"开始讲起，如此设计一番，真不知拉斯韦尔导师在想什么。

"我在研究大众传播现象时，发现了一个比较有趣的传播模式，这种传播模式可以让众多繁乱的大众传播研究现象变得更加清楚明白，对于我们从整体上了解大众传播具有重要意义。

"这种'5W 模式'主要包括'谁（who）—说什么（says what）—通过什么渠道（in which channel）—给谁（to whom）—取得什么效果（with what effect）'五个环节。在我继续讲解之前，大家可以先说一说自己对'5W 模式'的认识。"拉斯韦尔导师说道。

"在这种模式中，'谁'对应的是传播者，'说什么'对应的是传播内容，'通过什么渠道'对应的是大众媒介，'给谁'

对应的是受众,'取得什么效果'对应的则是传播效果。"林凯回答道(如图5-1所示)。

图 5-1　大众传播的"5W 模式"

"很好,你总结得很准确。"拉斯韦尔导师评价道。

"从这种模式中,可以看到传播具有明显的目的性,其主要目的就是去影响受众。"卢方娜给出了自己的答案。

"这个目的性说得很好,能看到这一点说明你对这一模式的认识还是比较深刻的。"拉斯韦尔导师似乎没有想到有同学能够说到这一点,卢方娜的回答让他感到有些惊喜。

"这样看来,传播过程就是说服别人的过程了,这是不是将传播这个概念缩小了?"马鹏伟提出了自己的疑问。

"缩小?我并不这么认为,如果非要提及说服的话,大多数传播活动都可以归集到说服上,大多数传播行为都是为了去影响受众的。"拉斯韦尔导师再次重申了自己的观点。

"好了,下面由我来详细讲解一下这个模式的主要内容,大家需要认真听讲,我会随时向你们提出问题。"拉斯韦尔导师将话语权集中在自己身上。

"在'5W模式'中，传播者是传播活动的起点，也是传播活动的重要中心。在大众传播中，传播者既可以是个人，如编辑、记者、导演等，也可以是媒介组织，如报社、电视台、出版社等。

"传播内容也是传播活动的一个中心，产生于传播过程中。单纯将其理解为普通意义上的信息是不正确的，其是指所有通过大众传播媒介传播给受众的信息。

"作为传播过程的重要组成部分，传播媒介是传播行为得以实现的必要物质基础。在传播意义上，媒介更多指传播信息符号的物质实体。

"受众的存在是传播活动产生的主要原因之一，企业是传播活动的中心环节之一。受众不仅是信息的接收者，同时也是再加工信息的传播者，是传播活动反馈者，在传播活动中占有重要地位。

"传播效果主要是指传播者发出的信息经过大众媒介后，传递给受众而引起受众思想、情感和行为等发生的变化。传播效果研究主要集中在大众传播改变受众固有立场和观点方面，以及对社会和文化产生的影响方面。"拉斯韦尔导师简要介绍了"5W模式"的各个环节。

"上述我所讲到的，是'5W模式'的基本内容，其所对应的正是传播活动研究的五大领域：传播者研究，内容研究，媒介研究，受众研究，效果研究。在一项传播活动中，如果弄清楚这些方面的内容，也就搞懂了这项传播活动。"拉斯韦尔导师继续说道。

"您的这一理论在具体的传播实践中是如何表现的？您可以结合具体传播活动为大家介绍一下吗？"林凯问道。

"具体的传播活动多种多样，那我就选择广告宣传这一传播活动来说吧。在我介绍的过程中,希望大家能和我一同思考。"拉斯韦尔导师提前为同学们打了一剂预防针,告诉大家接下来他可能要提出问题了。

"广告工作的大部分都包含在大众传播范畴中,想要做好广告工作,大众传播的相关知识是必不可少的。我所提出的'5W模式'在广告宣传中体现得淋漓尽致。在详细介绍这一内容之前,哪位同学可以帮我划分一下广告宣传中的'5W'要素?"拉斯韦尔导师提出了自己的第一个问题。

"广告宣传中的'谁'是指广告主,'说什么'是指广告内容,'通过什么渠道'是指各类大众媒介,'给谁'是指其他个人或组织,'取得什么效果'则是指卖出去了多少产品。"卢方娜条理清晰地划分了广告宣传中的"5W"要素。(如图 5-2 所示)

图 5-2　广告宣传中的"5W"

"回答得很好,但对于'有何效果'这一要素,卖出了多少产品可以算是最终效果,与此同时,广告宣传的效果还可以从受众反馈中看出来,因此我们也要考虑到反馈这一过程。"拉斯韦尔导师解释道。

"顺着这位同学的思路,我们又该怎样去认识每一个具体要素呢?"拉斯韦尔导师继续问道。

"在广告宣传中,广告主是主体,这一点是必须明确的,广告宣传必须要让受众知道是谁生产了这种产品,这不仅是广告宣传的目的,也是责任。而信息则是广告传播的客体,广告宣传中的信息主要是指广告所表达的内容,这是广告主要传递给受众的诉求。"李文文率先介绍了广告宣传中的主客体要素。

"广告主诉求不同,广告宣传所选择的渠道也会有所不同。广告主需要将自身诉求转换成语言、文字或图像等形式,针对不同受众,选择不同的媒介和渠道。在广告宣传中,媒介的变化也会带动信息发生变化。"卢方娜顺着李文文的回答,介绍了广告宣传中的媒介要素。

"广告宣传需要针对一定的对象进行,没有对象的广告宣传是毫无意义的。虽然有些广告主并不明确广告宣传的接受者,但在一个完整的广告宣传中,广告信息的接受者是不可或缺的。在特定情境中,广告受众会是广告主想象中的个体或群体。"齐悦说来说去,似乎把自己也说懵了。

在齐悦之后,课堂陷入沉寂,似乎没有同学想要继续回答问题。见此情景,拉斯韦尔导师自己开始解释起来。

"关于广告宣传中的最后一个要素,在认识广告宣传效果时,我们不能只关注单向的产品销售怎么样,同时也要关注另一方向上的受众反馈情况。广告传播作为一种双向传播活动,是一个不断循环发展的过程,具体效果也要从多种角度来看。"拉斯韦尔导师补充道。

"好了,到这里,关于'5W'模式的内容就要告一段落了。还有疑问的同学可以在课下继续与我讨论,今天的课程先到这里。"简短总结后，拉斯韦尔导师消失在同学们的视野之中。

第二节　大众传播都能帮你干什么

本周的传播学课程又是早课，这对于马鹏伟来说无疑是一种考验。第一节课，马鹏伟似乎全程处于迷离状态，甚至连自己回答过问题都已经记不清了。到了第二节上课时，马鹏伟拖着疲惫的身躯，睡眼惺忪地走进了教室。

明明还没有到上课时间，拉斯韦尔导师却早早出现在课堂之中，同学们穿戴好设备后便可以与他自由交流。马鹏伟迅速落座并穿戴好设备，在他后面进来的同学也悄悄地找到了自己的座位。

"大家都来齐了，我们就开始新课程吧。今天要讲的内容比较多，希望大家多多思考。"拉斯韦尔导师看课堂中已经坐满了人，便开始了新课程的讲述。

"在大家眼中，大众传播都具有哪些重要功能？"拉斯韦尔导师依然选择以提问的方式开始本次的课程讲述。

"大众传播可以传递真实信息，让更多的人了解到发生在千里之外的事情。"李月婷率先回答道。

"大众传播还可以影响受众，让更多人购买商家的商品。"林凯答道。

"大众传播可以为人提供精神上的愉悦，让人们有更多话题可聊。"李晶答道。

"很好很好，看得出大家的回答都是由自身经历得来的。那么,有没有同学总结过大众传播的功能分类呢?"拉斯韦尔导师继续问道。

拉斯韦尔导师再次提问后,课堂中一片寂静,没有人能够回答这个问题。看样子,拉斯韦尔导师又要再次来回答自己提出的问题了。

"我对大众传播功能进行过一段时间的研究,发现大众传播的功能可以归集为环境监视、社会协调和社会遗产继承三个方面的内容(如图5-3所示)。

图5-3 大众传播的功能

"自然与社会都在不断变化发展之中,人类想要更好地生存,就要了解并适应这些变化。在这个过程中,大众传播对社会发展起到了'瞭望哨'的作用,也可以说是环境监视的功能。

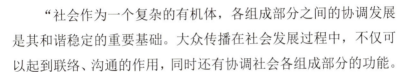

"社会作为一个复杂的有机体,各组成部分之间的协调发展是其和谐稳定的重要基础。大众传播在社会发展过程中,不仅可以起到联络、沟通的作用,同时还有协调社会各组成部分的功能。

"人类社会的发展建立在对历史的继承和创新基础上,人类只有将历史智慧和历史经验整理、记录并保存下来传给后代,才能让后人在前人的基础上进一步改造和发展社会。在这个过程中,大众传播发挥着社会遗产继承的作用。"拉斯韦尔导师简单介绍了大众传播的三种功能。

"我觉得上述解释有些抽象,您能从现实生活的角度说一说大众传播这三种功能吗?"虽然人还没有清醒,但马鹏伟这个问题问得却比其他清醒的同学要高效得多。

"抽象?抽象吗?你们大家也觉得抽象吗?"拉斯韦尔导师似乎并不认可马鹏伟的说法,他想要让其他同学来证明这一点,但课堂上鸦雀无声。

"好吧,那我就换一种说法来讲解一下大众传播的这三种功能。"看到没有人回应,拉斯韦尔导师只得用另一种方法重新介绍了他刚才讲的内容。

"前面提到社会上的大众传播是'瞭望哨',这是针对大众媒介而言的。大众媒介需要时刻关注自然环境和社会环境的变化,其所传递出来的信息是适应自然和社会环境变化的。在这个过程中,其'瞭望哨'的身份会凸显,进而达到协调社会,促进社会正常运转的作用。"拉斯韦尔导师重新解释了大众传播的环境监视功能。

"也就是说,我们可以利用大众媒介传播的信息不断调整自己的行为?"马鹏伟问道。

"如果从通过接收大众媒介信息而不断与时俱进的角度来

说,你的说法是可行的。但如果在这个过程中一味地接收信息,而忘记了独立思考,那就可能会让自己变成一个只有外壳而没有大脑的'木头人'了。"拉斯韦尔导师解释道。

"大众传播的社会协调功能是指大众媒介在社会发展过程中充当着'协调者'的作用。在发生危害社会安全的突发事件时,大众媒介要及时跟进报道,正确引导社会舆论,减少同类事件发生。在那些特大灾害发生时,许多一线记者深入灾区进行报道,传递出最新灾情消息,让外面的人了解事实,正是这种功能的重要表现。

"大众传播的社会遗产继承功能是指大众媒介充分发挥记录、存储作用,将前代和当代的社会历史经验记录总结,传递给后人,帮助后人在前人的基础上更上一层楼。"拉斯韦尔导师说道。

"我们平时在电视新闻中经常看到的那些'时代楷模''榜样力量'是否体现着大众传播的社会遗产继承功能?"卢方娜问道。

"没错,很多历史文化类内容也可以算入其中。"拉斯韦尔导师解释道。

"在我看来,那些驻外记者和外交官都是擅长研究环境的人,他们始终在不停地向国内社会提供信息,从而让人们知道自己处在怎样的环境之中。而编辑、记者等人则在社会内部协调中起着关键作用,学校和家庭则主要在社会遗产继承方面发挥作用。"拉斯韦尔导师对上面三种功能可能涉及的对象进行了总结。

"在我之后,还有一些研究者对大众传播的功能进行过研究,有人提出了'四功能说',也有人提出了升级版的'三功能说',虽然他们的理论可能更完善一些,但在这方面我可是先行者。大家在学习过程中可以了解一些其他研究者的相关理论,通过独立思考去理解这一问题。"拉斯韦尔导师在强调自己是第一人的同时,还不忘叮嘱同学们在学习过程中要多去独立思考。

第三节　用口号是怎样打赢战争的

"宣传在一些特殊时刻会成为'重武器'。"拉斯韦尔导师用这句话展开了新一周的课程。

宣传怎么就成为"重武器"呢?卢方娜搞不清楚拉斯韦尔导师在表达什么,她既好奇,也有些不安,似乎理解了这一点后,自己对大众传播的认知便会出现180度大转弯一样。

"您的意思是说流言蜚语、恶意中伤像隐形的刀子一样,可以杀人于无形吗?"马鹏伟似乎找到了一种解释。

"这一点确实值得思考,但却并不是我想要介绍的内容。我这里的宣传是坦克,是炮弹,是化学武器,其威力要比刀子可强多了。"拉斯韦尔导师解释道。

"那请开始您的讲述吧!"拉斯韦尔导师似乎还想卖个关子,却被马鹏伟及时制止。

"在我看来,宣传已经成为现代社会最为强有力的工具之一,其与军事、经济一起,被视为'反对一个交战敌人的行动中的三大工具之一'。关于这一点,大家应该没有疑义吧?"拉斯韦尔导师试探性地问道。

"通过经济战线可以对敌人进行封锁,通过宣传战线可以迷惑敌人,通过军事战线给予敌人致命一击,这些都是现代战争的重要手段。在这些手段中,宣传对战争具有重要意义。"看到没有同学回应，拉斯韦尔导师只得继续向下讲。

"宣传对战争有直接影响吗？我认为经济和军事手段对战争胜负的影响要更大一些。"卢方娜质疑道（如图 5-4 所示）。

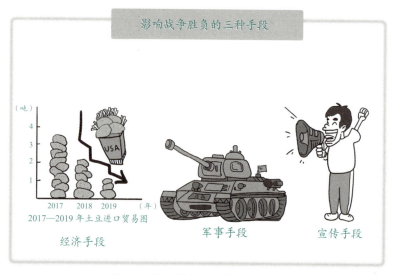

图 5-4　影响战争胜负的三种手段

"这三种手段对战争胜负的影响用大小来形容可能并不确切，经济和军事手段的影响可能更为直接，而宣传对战争的影响要更隐性一些。"拉斯韦尔导师解释道。

"大家现在可以回忆一下曾经学过的与第一次世界大战相关的内容。在这场战争中，欧洲多国陷入混战，战争伤亡异常惨重。在这样一场战争中，宣传究竟起到了怎样的作用？"拉斯韦尔导师将话题引入战争背景之中。

"战争宣传就像往火堆里添柴，让火越烧越旺。"马鹏伟说道。

"我觉得更像是往天平上加砝码，谁宣传得好，天平就会倾向谁。"卢方娜说道。

"我曾经研究过世界大战中的宣传,发现了一些颇为有趣的内容,在这里与大家分享一下。"拉斯韦尔导师说道。

"在现代国家中,绝大多数民众都是抵触战争的,很少有人愿意失去自己安稳富足的生活,而进入到战争的漩涡之中。为此,在宣传战争起因时,所有的罪恶都必定归属于另一方。如果一国领导者想要鼓动民众参战,那他就必须要确保所有宣传信息都是确立在'敌人应该为战争负完全责任'这一基础和前提之上。"说完,拉斯韦尔导师稍作停顿。

"这是在说战前宣传动员吗?"林凯问道。

"不止在战前,如果想要在更大范围内,更为广泛地调动民众参战,需要在整个战争进程中都做好这些工作。"拉斯韦尔导师指出了林凯问题中的不足。

"如果是战争发起国想要动员民众参战,那是要通过虚假宣传来达到目的吗?"卢方娜问道。

"我不敢说战争中的宣传有多少虚假成分,但很多时候,站在不同立场上的人们看待同一件事物时的观点是完全不同的。被侵略的一方有战争理由,发起侵略的一方也会找到战争理由,他们只需要将自己想表达的内容传递给民众就可以了,没必要让民众知道太多。"拉斯韦尔导师解释道。

"让民众知道战争是敌人发动的,和平是敌人打破的,这是战争宣传的第一步。为了更好地确保宣传效果,宣传者还需要用敌人傲慢或堕落的事例让民众更清楚地认识到这一点。'一战'中,'德国高于一切'的口号经常出现在唐宁街和舰队街(皆为英国街道),'统治吧,不列颠'口号则常在威廉大街和不列颠大街(皆为德国街道)出现,这可以看作一种典型的明证。"拉斯韦尔导师继续说道。

"那么为了战争胜利,宣传者又需要进行哪些努力呢?"拉斯韦尔导师停止讲述,提出了一个问题。

"为民众'打鸡血'。"马鹏伟笑着说道。

"让民众知道胜利在望,再努力一下就好了。"秦越跟着说道。

"多宣传敌人的软弱和溃败,增强民众信心。"卢方娜说道。

"如果你们是战争指挥官的话,按照你们的宣传逻辑来进行宣传,民众可能会因为持久的战争而希望破灭,陷入消沉状态之中,打败仗是理所当然的事情。"拉斯韦尔导师笑着说道。

"关于正确的宣传方法,大家可以在《论持久战》这本书中找到。

"报道事实真相,分析战争规律,提出作战方法,这才是通向战争胜利的宣传方法。宣传者只有让民众不盲目乐观,不肆意悲观,才能让民众全身心投入战争之中。"拉斯韦尔导师突然开始讲起了战争胜利之法(如图5-5所示)。

图5-5 战争中的宣传技巧

"如果在战争中,我方遭遇重大损失,我们还是要按照事实去宣传报道吗?这样不会打击民众信心吗?"李文文问道。

"我认为在遭受损失时,将它们公之于众,并且相信有利消息的增多能够中和这一坏消息带来的影响是可以理解的。但从一战各方的实际反应来看,大多数宣传者都会选择暂时封闭消息。

"1914年10月27日,英国战列舰'奥达修斯'号在爱尔兰海岸外触雷,英国方面选择对外封闭消息,以沉默应对。这件事在大战期间从未被英国官方承认过，但在大战后，其得到了严肃的报道。

"在我看来，如果遭受的损失是敌人没法详细了解的那种，那官方在公布内容时可以采用概要的形式，不必公布详细内容。而在一些特殊情况中，官方则有必要将确切的数据公布出来，从而减少那些杞人忧天者散布毫无根据的假消息。"拉斯韦尔导师解释道。

"在战争宣传中，除了要激起对敌人的仇恨和对胜利的信心，还要与盟友和中立者保持友好关系。想要取得战争的最终胜利，还需要通过宣传来瓦解敌人的斗志。"拉斯韦尔导师说道。

"在世界大战中，一些国家出动飞机去敌国散发传单，这就是瓦解敌人斗志的宣传吧？"林凯问道。

"没错，古时候中国的'四面楚歌'也是通过宣传瓦解敌人斗志的例子。"拉斯韦尔导师补充道。

"总的来说，成功的宣传有赖于在适宜条件下对各种方法的巧妙运用。方法是宣传者可以控制的东西，而条件则是他必须去适应这些东西。在那些已经过去的世界大战中，宣传都发挥了重要并且可能是决定性的作用。"拉斯韦尔导师总结道。

第四节　掌握技巧让你的宣传更具艺术性

"在世界大战中，宣传成为一种看不见的'重武器'，它可以杀人于无形之中，决胜于千里之外。在上一节课中我们对战争宣传进行了论述，但因为时间有限，并没有完全展开，同学们如果想要继续了解这方面的内容，可以去读读我创作的《世界大战中的宣传技巧》一书。

"在本次课程的最后一节课中，我想为大家讲一些有趣的事情，还是与宣传有关的，但不是战争宣传，而是艺术性宣传。学会这些内容，可以让你的宣传更具艺术性，效果也会更好。"拉斯韦尔导师在宣传完自己的书后，似乎打算为同学们讲一些真正的干货了。

"想要让宣传的效果达到最大，就要在宣传时应用一定的技巧。大家对当前市场中的宣传应该屡见不鲜了，但对宣传技巧是否有所研究呢？在座的各位能否说说自己所见过的宣传技巧或宣传方法？"拉斯韦尔导师问道。

"有的广告宣传会设置一些悬念，比如某餐饮品牌要推出新品，广告宣传会详细介绍新品的细节，但却不展示新品的样式，留给受众想象的空间。这种宣传在一定程度上，可以引起受众的兴趣，带动商品销售。"卢方娜说道。

"我知道这种宣传技巧，但用餐饮品牌推新品的例子，倒不如用电影预告片的例子。绝大多数情况下，电影预告片都是利用这种留悬念方式进行宣传的。"拉斯韦尔导师肯定了卢方娜的答案，同时对其进行了补充说明。

"有的广告宣传比较注重突出重点，就是反复强调一件事情，很多时候我都觉得这种做法很低级，但不可否认它们确实被我记住了。"马鹏伟说道。

"从你的表达可以看出，你似乎很厌烦这种做法，但它却成功影响了你，所以我们可以认为这是一种成功的宣传。但必须要指出的是，如果长期使用这种宣传方法，很容易适得其反。"拉斯韦尔导师解释道。

"很好，两位同学提到的都是当前较为主流的宣传方法。下面我想来说一下我们那个年代的一些宣传方法。虽然时代不同，但这些方法却历久弥新。"拉斯韦尔导师说道。

"我要说的第一种宣传方法被称为'咒骂法'，其主要通过给别人冠上骂名，让受众在不经查证的情况下，对其产生负面印象，认为别人是不好的。政治选举是这种宣传方法最合适的沃土，仔细观察各国大选，我们可以看到满天飞舞的'脏话''脏水'，这些很多都是宣传技巧。"拉斯韦尔导师指出了第一种宣传方法。

"我觉得这一方法对于现代广告宣传并没有多大意义。"马鹏伟指出。

"当然，我们没办法在广告宣传中为竞争对手冠上骂名，但在互联网上，那些层出不穷的负面消息是从哪里来的？你们是否思考过这一问题呢？"拉斯韦尔导师反问道。

"都是竞争对手捏造的？"马鹏伟回答得并不确定。

"我并没有这么说，没有经过调查，我也没有发言权，我只是觉得大家在看到外来信息时，应该多去思考，有能力的可以去查一查。"拉斯韦尔导师解释道。

"第二种宣传方法被称为'粉饰法'。与第一种方法正相反，这种方法是将某事物与美好的词句相连，从而让受众在未经查证的情况下，轻易接受并认可它。同样是在政治选举中，为了多拉选票，除了要贬损他人外，还需要多多赞美自己。"拉斯韦尔导师似乎对选举的案例情有独钟。

"第三种宣传方法被称为'转移法'。这种方法是用一般人都认可的人、事或物来说明要宣传的东西，这样会将两样东西绑到一起，从而让更多受众认可它。最为普遍的例子就是明星代言，用了明星同款护肤品，就会变得与明星一样美丽，人人都知道是不可能的，但还是有不少人会买账。

"第四种宣传方法被称为'证言法'。这种方法需要找一位值得尊敬或厌恶的人，来证明一项事物究竟是好还是坏。"讲到这里，拉斯韦尔导师稍作停顿，似乎在等待学生来举例子。

"大多数公益广告都会选择具有影响力的人来进行宣传，这与明星代言是不一样的。有一些法制栏目会以具体案例来宣传法律，普法宣传也应该是使用了这种方法的。"李文文适时帮拉斯韦尔导师举出了例子。

"第五种宣传方法被称为'平民法'。这种方法需要传播者展现亲民的一面，需要让受众觉得他们是贴近民众、贴近日常生活的。这种宣传的例子，在这里就不过多介绍了。

"第六种宣传方法被称为'堆牌法'。这种宣传方法会依照传播者的目的，只展现其想要让受众了解到的信息，由此来展现这一事物。"拉斯韦尔导师介绍道。

"上一节课您提到的我方战争伤亡信息，在对外宣传时，是否就需要使用这种方法？"马鹏伟问道。

"没错，一方面对外要宣传我方较少伤亡的消息，另一方面对内要宣传敌方伤亡惨重的消息。但宣传归宣传，传播者还是需要认清现实的，光靠宣传是打不赢战争的。"拉斯韦尔导师着重强调了这方面内容。

"第七种宣传方法被称为'乐队花车法'。这种方法主要是利用受众的从众心理，让受众觉得大家都已经接受了这项事物或主张，自己也应该接受。这种宣传的例子也比比皆是，但很多时候受众没有注意到或不认为这是一种宣传。"拉斯韦尔导师说道（如图5-6所示）。

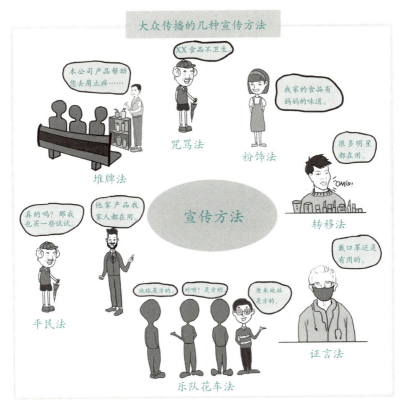

图 5-6　大众传播的几种宣传方法

"当前比较流行的直播带货用的就是这种宣传方法吧？"卢方娜问道。

"你所说的这种'直播带货'，我了解得不多，但很明显其强调实时销量的做法是使用了这种宣传方法。但同时，选择流量明星，或是素人主播，还涉及'转移法'和'平民法'，所以这种宣传手段是综合运用了多种手法的。"拉斯韦尔导师解释道。

"从现在各式各样的宣传来看，大多数宣传行为中都蕴含了多种手法。这种做法在一定程度上会增加宣传效果，但一旦某个环节操作不当，也会导致整个宣传功亏一篑，风险也是相应增加的。

　　如果作为受众，那就要区分各种宣传手法，看透宣传的本质，不要被虚假宣传所欺骗；如果作为宣传者，则要利用好各种宣传手法，在原有技巧上创新运用，去获得更好的宣传效果。

　　"好了，本周我要讲的传播学课程就到这里了。如果想要了解更多传播学方面的知识，可以多读读我写的书。"拉斯韦尔导师以迅雷不及掩耳之势结束课程，并再次推荐了自己的著作给同学们。

第六章
卡尔·霍夫兰导师讲"传播与说服"

在本章中,卡尔·霍夫兰导师为同学们带来了"传播与说服"的内容,围绕着说服与态度的关系、态度的形成与转变、说服的方式和技巧等问题,霍夫兰导师与同学们分享了自己的理论与经验。在课程中,霍夫兰导师更注重理论与社会现实的结合,以沟通场景和销售场景现身说法的方式,介绍自己的理论。

卡尔·霍夫兰

(Carl Hovland,1912年6月12日—1961年4月16日)是著名实验心理学家,也是宣传与传播研究领域的杰出人物,出生于美国芝加哥,1936年获得耶鲁大学博士学位,此后便在该校担任心理学讲师、助理教授和教授。

霍夫兰一生都在从事说服与态度改变以及心理对行为影响的研究,这些研究直接影响了传播研究对社会传播效果的重视。其研究既是现代态度改变研究的开端,也是大众传播理论若干重大贡献的渊源。其代表作有《传播与说服》《耶鲁大学关于态度和传播的研究丛书》等。

第一节　传播如何才能产生效果

"本来我的课程应该安排在上周,这一点我曾试图说服贵校的教务处,但似乎没有成功。"霍夫兰导师在课程开始前,先来了一番抱怨。

"本周我要讲的内容是'传播与说服',和此前一位导师讲的传播效果有很大关联,放在一起讲不是很好吗?不清楚为什么要隔一周讲。"霍夫兰导师依然在抱怨。

"您这节课是要讲传播效果吗?您的理论与拉扎斯菲尔德导师有什么不同吗?"卢方娜趁着霍夫兰导师抱怨的间隙,适时提出了这个问题。

"是的,没错,本周我要讲的内容正是'传播如何才能产生效果',至于与其他研究者的区别,你们要仔细听讲,自己去发现。"霍夫兰导师要开始自己的课程讲述了。

"我职业生涯的早期主要从事实验心理学研究,但在第二次世界大战爆发后,我应召参加了美国陆军军部新闻及教育署研究战争宣传与美军士气问题的研究组。在'二战'中和'二战'后,我进行了一系列心理控制实验,由此得出了与传播效果有关的诸多理论。"与其他导师不同,霍夫兰导师在讲述正式内容前,着力介绍了一下自己的职业生涯。

"在回到耶鲁大学后,我和同事们设立了耶鲁传播研究项目,主持了'传播与态度改变研究课题',对传播与说服、说服能力和方法等问题进行了深入研究,这些研究成果被集结成书,广泛发行。想要深入了解我的研究的同学,可以多买些书来自己读一读。"霍夫兰导师似乎还没有打算停止自我介绍。

"那传播究竟要如何才能产生效果呢?"卢方娜继续问道。

"噢,关于这个问题,本节课我主要从总体上进行介绍,在剩下几节课中,我会详细介绍这个问题的不同细节。"霍夫兰导师重新回到正轨,但同学们并不知道接下来他还要讲些什么。

"要解决'传播如何才能产生效果'这个问题,我们要从'传播者''信息''受众'和'受众反应'几个方面入手。在我讲述的过程中,同学们可以积极参与讨论,这样我们的课堂气氛才会活跃起来。"看样子,霍夫兰导师打算进入正题了(如图 6-1 所示)。

图 6-1　影响传播效果的因素

"在对传播者进行研究时,我们发现信源的可信性是产生即时意见改变的重要因素。这怎么理解呢?简单来说就是传播者的权威性越高,其对受众的影响就越大,传播效果就相对越好。"霍夫兰导师说道(如图 6-2 所示)。

"这是否就是'意见领袖'的作用?"林凯问道。

"可以这么理解,但这种信源可信性的影响会随着

图 6-2　信源可信性对传播效果的影响

时间的推移而逐渐减弱，这是由于受众在大多数时候会将传播者与信息分离。"霍夫兰导师解释道。

"传播者与信息分离？这要怎么理解呢？"林凯继续追问道。

"这一点放在你们现在的社会应该很好理解。当你在互联网上看到一条信息时，第一时间可能会去注意这条信息的发布者，但第二时间、第三时间呢？很少有人会再去关注信息的传播者，因为这时人们的注意力已经全部被这条信息吸引。这就是传播者与信息的分离。

"要怎样去解决这种传播效果减弱的问题呢？我们只要再次提醒受众传播者的身份，这种影响就会再次得到恢复了。总的来说，说服性传播可以让受众的意见在短期内发生改变，但可能在一个月后，甚至更长时间，受众还会再次找回自己最初的观点。"霍夫兰导师解释道。

"在对信息的内容和结构进行研究时，我们也发现了一些有趣的东西。

"首先在内容上，适当增加一些威胁性或能够引起恐惧的内容，可能会让受众产生情绪上的紧张感，进而促使他们改变意见。但这里需要把握好度，太多令人恐惧的内容可能让受众产生焦虑甚至抵触情绪。

"其次在结构上，传播者在大多数情况下要在信息中明确陈述自己的结论，因为不是所有受众都是智力水平足够高并且相对成熟的。如果发觉受众在此后时间里，可能会接收到反向的信息宣传，那在信息传播中进行两面提示，能够最大化传播效果。"霍夫兰导师停了下来，一口气说了这么多内容，他显然有些累了。

"如果我们不断向受众施压，在信息中不断加入威胁性或能够引起恐惧的内容，传播效果不应该更好吗？"马鹏伟质疑道。

"你为什么会这么认为?受众如果因为恐惧产生焦虑,他们会什么也听不进去的。"霍夫兰导师回应道。

"您是如何判断何种程度的内容能够引发受众焦虑呢?我认为恐惧诉求的强度越大,受众的压迫感越大,进而会去改变自己的意见和态度。"马鹏伟说道。

"好吧,在我之后的研究者们证明了你的观点,但我依然认为要保证传播效果,信息中令人恐惧的内容需要适度才行。"霍夫兰导师的回答让人搞不懂他是否认同了马鹏伟的观点。

"在对受众进行研究时,我们得到的结论更加有趣。通过研究发现,归属感比较强的受众,一般很难去接受那些与组织规范相违背的传播内容。自尊心较弱的人则更容易受到信息传播的影响。而那些极具个性、攻击性十足的人,则很少会被影响。

"这一点应该很好理解。重新审视一下自己身边那些个性十足的人,你会发现他很少会听别人的意见,无论他们自己的想法是对是错。"霍夫兰导师说道。

卢方娜转头看向马鹏伟,却正巧发现马鹏伟也在看她,看样子在两人眼中,对方都属于个性十足,无法被他人意见左右的人。在会心一笑后,二人又开始专注于霍夫兰导师的内容讲述。

"在对受众反应进行研究时,我们发现那些主动参与传播的人要比被动参与传播的人更容易改变意见。一般来说,那些需要发言支持某个问题的人,要比那些只需要看材料,或听别人说话的人,更容易将自己的意见朝着自己支持的这个方向改变。

"上面讲到的这些,就是我们在传播效果研究方面获得的一部分结论,在接下来的课程中,我们将会去深入探讨这些内容。在一个完善的传播体系中,只有做好上面提到的这些工作,才能取得最好的传播效果。"霍夫兰导师总结道。

第二节　什么人容易成为说服者

"我想先让大家来回答一个问题：在你们眼中，什么样的人更容易成为说服者？"霍夫兰导师在课程开始前，先提出了一个问题。

"刚听到这个问题，我脑子里就想起了网红主播们的口头禅，这些通过直播卖产品的主播们一个个都是说服者，分分钟就让我想为他们埋单。"从未在课堂上发过言的李玲第一个回答了霍夫兰导师的问题。

"主播？我对你说的这个职业了解不多，但从你的表达来看，他们确实成功说服了你。"霍夫兰导师说道。

"那些网红主播确实口才一流，但我觉得这和说服不同，更多应该算影响，你们这些粉丝是受到影响了。按照这种思路，那卖车、卖房、卖保险的人也都是说服者，但这样解释我们依然不知道究竟什么人容易成为说服者。"林凯一脸平静地说道。

"那么这位同学认为什么样的人容易成为说服者呢？"为了避免一场辩论发生，霍夫兰导师及时追问道。

"我认为说服者首先要具备一定的说话技巧，这是成功说服别人的必要条件。其次就是要具备某些方面的知识储备，这样他才有发言权，人们才会愿意去听他的话。做好了这两点，才能进行成功说服。"林凯答道。

"这么说你是将说话技巧和知识储备作为成为说服者的必要

条件了。"霍夫兰导师说道。

"没错。"林凯回应道。

"我说的也是同样的意思啊,主播最重要的就是说话技巧,没有说话技巧的主播能有人关注吗?再说了,这些主播都是自己使用了产品后,才为大家介绍的,他们的知识储备能少吗?你知道他们有多努力吗?"李玲显然有些激动,整个课堂都被她的委屈情绪所填充。

"好,很好,两位同学的回答都很好,答案都已经非常接近我要讲述的内容了,下面的内容就让我来为大家讲述吧。"感到课堂气氛有些不对,霍夫兰导师迅速结束了问答。从他不知所措的神情来看,在后面的课程中,他应该不会再提问题了。

"前面说到,我和我的团队为了研究传播效果,曾经做了许多实验,也得出了不少结论。其中,关于'什么人容易成为说服者'这个问题,我们得出的结论是:一个在某问题方面享有盛誉的人,总会比那些没有声誉的人更能引起其他人态度的转变。

"这一点我们在上一节课中也讲到过,是研究传播者时得到的结论。在实验中,我们将一群人分为三组,然后让三个人分别在各个小组就一个有关少年犯的题目进行主题演讲。在向小组成员们介绍这三个演说者时,我们分别将他们介绍为'法官''普通听众'和'品行低劣的人'。在演讲结束后,我们要求三组听众为这三位演说者打分。结果'法官'得到了'正'分,'普通听众'得到了'中'分,而'品行低劣的人'则得到了'负'分。

"三种不同身份的人,针对同一题目的演说,结果却大为不同。由此可以看出,传播者身份对传播效果的影响是非常明显的。"霍夫兰导师一口气将理论和实验过程全部叙述了出来。

"您所说的声誉主要包括哪些方面的内容?这与前面提到的

权威性是一样的吗？"卢方娜问道（如图6-3所示）。

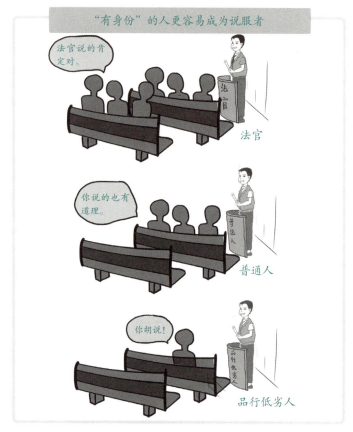

图6-3 "有身份"的人更容易成为说服者

在一口气讲述内容的过程中，霍夫兰导师发现课堂缺少互动，氛围很不活跃，于是故意放慢了语速，并时不时停顿一下，希望有同学能够打断自己，提出问题。卢方娜的问题成为霍夫曼导师的"救命稻草"。

"你对'声誉'这个概念是怎么看的？"霍夫曼导师反问道。

"单从'声誉'这个词来讲，其可以理解为某种事物在他人眼中的印象。放在现在来说，'口碑'似乎更能反映这层意思。"卢方娜答道。

"'口碑'这个词确实也可以，但你的回答也只是为'声誉'换了个说法，而没有提到其具体的内容。'声誉'究竟都包括什么呢？或者说，我们要靠什么来累积声誉呢？我的结论有两点，一是足够的专业知识，二是超然的态度。"霍夫兰导师停顿下来，他似乎又在等待同学们的问题。

"足够专业的知识这一点很好理解，但超然的态度是指品格方面的内容吗？是指人格魅力之类的因素吗？"卢方娜适时追问道。

"在这里，关于专业的知识，并不单纯指知识的积累，即不是说只有拥有足够多知识的人才更容易成为说服者。我所说的专业知识指的是一种外在表现，即一个人能够表现出自己有足够的知识，那他就比较容易成为说服者。有人将这种专业知识和专家身份等同，我没有异议。"霍夫兰导师似乎忘记强调这一问题，因此在回答卢方娜问题前，先强调了这一点内容。

"您的意思是说，只要我能对外展现出我很有知识，我是某一方面的专家，我有许多证书，我就能比较容易地成为说服者吗？"马鹏伟的问题问得似乎有些偏激。

"我没有这样说，但你完全可以这样理解，当前社会不是这样吗？这一点你们应该更有经验才对。"霍夫兰导师给出了教科书一般的回答。

"至于超然的态度，中国有个词叫'超然物外'，我觉得这个词用在这里非常精妙。如果说服者想要说服某个人购买某一产品，那他最好与这一产品没有利害关系。这就好比在战争中，调停者一定是与战争双方不存在直接利害关系的人。"霍夫兰导师同时回答了卢方娜提出的问题。

"如果将声誉解释为口碑、品牌,可能更容易让你们理解。对于个人来讲,如果你有这样一个人设,那你就能更好地说服别人。"霍夫兰导师总结道。

"您这是在教骗子怎么行骗吗?"马鹏伟笑着说道。

"你们是骗子吗?专业的骗子只学立人设可不行,他们要学的东西还多得很呢。至于要学什么,我们下节课再说。"霍夫兰导师笑着回应道。

第三节　如何表达有争议的问题

在上节课中,一些同学在"人设"这一话题上,与霍夫兰导师产生了分歧。

在霍夫兰导师的讲述中,声誉被认为是成为说服者的关键因素,那些被说服者,有很大一部分是出于对说服者声誉的认可,才选择相信了说服者。但有同学认为"树立人设"在很大程度上是一种欺骗行为,并不值得去仿效。

在新一周的课程中,霍夫兰导师并没有明确回答同学们此前的提问,而是讲起了新的问题。

"在前面的课程中我们曾提到,如果想要向受众准确传递信息,传播者最好在宣传过程中明确陈述自己的结论。如果在接收到信息后,还需要受众去揣度传播者的意图,那在很大程度上,传播者的宣传活动将会以失败告终。

"接收信息的受众在智力水平和接受程度上是参差不齐的,

这使得他们在面对不同观点表达时，可能会出现态度的转变。在一些特殊情况中，受众态度的转变还可能会非常剧烈。如果在宣传过程中，传播者觉得受众可能会接收到与自己观点相反的信息宣传，那在信息传播过程中进行两面提示，是一种不错的选择，这将在很大程度上提升传播的效果。"霍夫兰导师回顾了前面课程中的内容，同时进行了些许扩充。

"您说的不要让受众去揣摩我们的传播意图，是不是说我们要尽可能多地把我们知道的内容传递给受众？"林凯问道。

"这位同学应该会成为一个优秀的新闻工作者，但如果想要经商，还是别有这种打算了。"霍夫兰导师笑着说道，他的话引得同学们哄堂大笑。

"从新闻工作者的角度，我们对事件进行宣传报道，当然越全面越好。但如果从广告宣传的角度来说，有些东西应该让受众知道，有些东西传播者自己知道就好了。"霍夫兰导师进一步解释道。

"当然，作为新闻工作者，在宣传报道时要尽可能多地陈述事实，而不是陈述自己的观点。"霍夫兰导师提醒道。

"那为什么从广告宣传的角度，就要有的说有的不说呢？"林凯追问道。

"你要是不担心产品卖不出去的话，你也可以都说。"霍夫兰导师调侃道。

"比如说，我们在宣传一款去屑止痒的洗发水时，去屑止痒功效是我们要着重宣传的内容，这些内容自然要有多少说多少。但对于这款洗发水的控油保湿功效，我们有必要说吗？关于这一点，就要'看人下饭'了。上面的例子可能说得不够确切，我再来完善一下。

"现在一家企业生产出了一款洗发水,其在去屑止痒方面的功效,可以超越市面上其他产品。但这款洗发水有一个问题,就是在去屑止痒的同时,会增加头皮出油的情况,虽然不严重。因此,对于有头屑且头皮出油的消费者来说,使用这款产品可能加重头皮出油。"霍夫兰导师重新列举了一个例子。

"在这种情况下,如果各位作为广告宣传者,你们会怎样去宣传呢?"霍夫兰导师想让大家就自己列举的例子给出相应的宣传方案。

"既然这款产品的去屑止痒效果可以秒杀其他产品,那我直接针对这一方面大肆宣传就好了。只要真正有去屑止痒的效果,受众自然会买账。"马鹏伟的回答简单直接,重点突出。

"你这样宣传,难道都不考虑头皮出油消费者的感受吗?"霍夫兰导师笑着问道。

"既然突出了去屑止痒的效果,那受众自然清楚这款洗发水对头皮出油没有效果。"马鹏伟解释道(如图6-4所示)。

图6-4 产品宣传者的宣传套路

"这样说我们又回到了前面的问题,并不是所有的受众都是像你一样成熟的,你需要考虑那些既有头屑,又头皮出油受众的感受。"霍夫兰导师的回答依然有些"不正经",但显然他并不太认同马鹏伟的观点。

"我觉得强调去屑止痒效果肯定是宣传重点,但同时我们也要对该产品可能会加重头皮出油这一情况进行说明。可以在宣传文案上,用不太明显的一行小字标记出来,这样如果受众在购买这款产品时,就会有一些心理准备。"卢方娜打算从正反两方面进行宣传,但突出宣传重点肯定是必要的。

"你这种宣传方法明显要好一些,现在的很多广告商也确实是这样做的。但在我看来,这种宣传手法还是有一些取巧的成分,为什么用小字而不用大字呢,我觉得还是'吸烟有害健康'这种字样更好一些。"霍夫兰导师似乎并不喜欢广告宣传中的小字内容。

"如果不这样宣传,您认为应该怎样去做呢?直接在广告语中告诉受众这一产品的负面效果吗?"卢方娜反问道。

"如果这么做的话,产品就该真的卖不出去了。"霍夫兰导师苦笑道。

"前面两位同学的回答都有道理,下面我们脱离实例,来说一些理论上的内容。"霍夫兰导师似乎打算进行理论讲述了。

"当我们想要表达一个有争议的问题时,比如上面提到的洗发水宣传问题,其对消费者来说是有利有弊的,这种时候我们该怎样宣传才更容易去说服别人呢?是只使用有利的宣传内容,还是利弊两方面都说清楚?关于这一点,我们要根据具体情况来做判断。"霍夫兰导师说道。

"我认为,如果目标受众本就认可我们的意见,那我们只宣传有利方面就可以了，这样能够进一步坚定对方的原有态度；但如果对方对我们的意见存有怀疑，那我们在宣传时就要把正反两方面内容都讲出来，如果单独讲一方面内容，很容易被反对者抓住把柄。

"此外，如果对方的受教育程度比较高，那说出利弊两方面理由是比较好的。因为即使我们刻意回避产品的缺点，也很容易会被对方发现。如果对方的受教育程度比较低，只说正面理由是比较好的。如果对方本就赞同我们的观点，那在向其进行宣传时，一定要用正面宣传，这时如果采取利弊两方面宣传的话，很可能让原本坚定的对方变得犹豫不定。不知道我这样去论述，大家是否能够理解？"看到课堂一下变得安静起来，霍夫兰导师停下来问道。

"我认为您所说的内容更适合用在商品销售上，当售货员向顾客介绍商品时，很适合用这种'看人下菜'的方法。"李文文指出。

"没错，看样子大家应该理解了上面我所介绍的内容。但在销售商品时，单纯依靠这种方法并不能百分百确保销售成功，下节课，我再教大家一招。"看到大家似乎理解了自己讲述的内容，霍夫兰导师提前剧透了下节课的内容。

第四节　卖点的宣传顺序很重要

"在上一节课中，我们讲到了在宣传过程中如何表达有争议的问题，并讲到了'两面提示'这一内容。在我看来，'两面提示'就好比在宣传之前为受众'接种疫苗',这样当受众遇到类似对立观点宣传时,便会产生较强的抵抗力。这种宣传方法的说服效果会比直接让受众接受正面观点要好得多。"在开始讲述本节课内容前,霍夫兰导师先对上节课内容进行了补充和总结。

"在讲到上述内容时,我们似乎还留下了一个问题,我记得是售货员向顾客介绍商品的问题。在售货员向顾客介绍商品的过程中,'看人下菜'地向顾客介绍产品的优缺点是很有必要的,同时按照哪种顺序去介绍产品优点也是非常必要的。这也是本节课我们要讲的'卖点的宣传顺序'问题。"霍夫兰导师说道。

"假设大家是化妆品销售员,在向顾客宣传产品时,你们会按照哪种顺序进行宣传呢?"如上节课一样,霍夫兰导师在讲述理论时,同样先抛出了一个问题。

听到霍夫兰导师的提问时,课堂陷入短暂的寂静之中,但从同学们的表情可以看出,大家并没有被问题难住,而是在思索如何才能给出更完美的回答。

"如果是我来宣传的话,化妆品的功效一定是第一位的,如果这款化妆品有什么主打功效的话,那一定是最先要向顾客介绍的。在介绍完主打功效后,再介绍其他功效,尽量把效果介绍全,介绍过程中也可以跟其他产品作比较。最后再去介绍价格,介绍一下这款化妆品的性价比。"卢方娜好像早有准备一样,她的回答让其他准备给出类似答案的同学打消了发言的意愿。

"看样子女同学比较看重化妆品的功效啊,听你这样宣传,确实能够引起我的兴趣,虽然我并不打算买化妆品。"霍夫兰导师认可了卢方娜的观点,但他的评价似乎话里有话。

"还有没有其他同学踊跃发言,我比较想听听男同学们的看法。"霍夫兰导师说道。

男同学们似乎对化妆品完全不感兴趣，大家你看看我，我看看你，没有一个人想要站起来回答问题。

"我不认为功效有那么重要，买化妆品自然是要看功效的，但同一档次的化妆品功效也不见得有多大差异。所以我认为应该先把性价比放在首位，着重介绍价格优势。"看到没有人回答，马鹏伟果断站起来，给出了一个与卢方娜截然不同的观点。

虽然回答问题时的马鹏伟气势十足，但在与卢方娜眼神交汇的一刻，他便如泄了气的皮球一样，迅速跌坐到座位上。

"看样子这位同学比较看重商品的性价比，如果把化妆品换成篮球鞋的话，这位同学认为要首先宣传哪方面内容呢？"霍夫兰导师向马鹏伟追问道。

"自然是品牌和构造了，什么足弓设计、舒适脚感，什么专属定制、减重缓震，越是新功能新技术，越要放在最前面介绍，人们买的就是这个。"马鹏伟似乎沉浸在自己的世界中，以至于完全没有注意到课堂中爆发的大笑。

"看样子你与这位女同学一样啊，都是比较看重产品主要卖点的。之所以最开始答案不一样，是因为没介绍对产品。"霍夫兰导师笑着说道。

霍夫兰导师说完，课堂中又是一阵爆笑。马鹏伟这才从自己的世界中清醒过来，笑着挠挠头坐了下来。

"好了，现在我们回归正题。前面之所以花费较长时间来让大家回答问题，目的就是要引出我接下来要说的论点。在一些情况下，想要改变公众的态度，合理配置问题的排列顺序是非常重要的。哪些问题要先说，哪些问题要放在后面讲，其中的排列顺序是要讲究一定技巧的。"霍夫兰导师说道（如图6-5所示）。

图 6-5　卖点的宣传顺序很重要

"我认为,在宣传过程中,率先提出来的论点,最容易引起受众注意,而最后提出的论点,则更容易让受众记忆。基于这一点,在介绍论点时,我们需要根据不同情况来安排论点的介绍顺序。

"那些受众赞同或可能接受的传播内容,应该被最先提出来,这样对宣传成功是较为有利的。具体来说,优先向受众介绍那些能够唤起他们需求的内容,更容易被受众所接受。

"这一点大家可以回忆一下自己看过的广告片,它们大多会在最初用犀利的广告语先声夺人,而在结尾部分则通常会用较短的标语强调部分内容,来让受众记住。"霍夫兰导师说道。

"按照您所说的,在上面销售商品的场景中,售货员要怎安排宣传顺序，才能让顾客愿意购买商品呢？"卢方娜又提到了课程开始时的问题。

"我认为，在这种场景中，我们要确定的内容有两点，第一点是产品的主打卖点，第二点是顾客的需求。产品的主打卖点是售货员的必备知识，顾客的需求则需要售货员在与顾客交谈时获取。如果二者相契合，则可以同时宣传，但如果不相契合，则需要优先介绍满足顾客需求的内容。

当然，即使顾客需求与产品主打卖点并不契合，也有人能将产品的主打卖点与顾客需求结合得很好，这就是说话技巧的问题了。"霍夫兰导师解释道。

"好了，到这里我要讲的内容就都讲完了。大家在后面学习传播与说服内容的时候，可以多想想我所讲的内容，传播学中的内容很多都是一脉相承的。"霍夫兰导师总结道。

第七章
马歇尔·麦克卢汉导师讲"理解媒介"

在本章中,马歇尔·麦克卢汉导师为同学们带来了自己的理论著作《理解媒介》。围绕书中出现的"媒介即讯息""媒介是人的延伸""冷媒介与热媒介""地球村"等重要理论,麦克卢汉导师进行了精彩的论述。

马歇尔·麦克卢汉

(Marshall McLuhan,1911年7月21日—1980年12月31日),加拿大著名哲学家、教育家和媒介理论家。1934年,在加拿大曼尼托巴大学拿到硕士学位后,前往剑桥大学留学,并在1942年获得剑桥博士学位。

作为现代传播学理论的奠基人,麦克卢汉的观点对人类认知媒体产生了深远影响。作为一位文学学者,他对传播理论研究进行了独特探索,提出了很多震惊世界的结论,如"媒介即讯息""媒介是人的延伸"等。虽然这些理论在当时因思想超前而不被人们理解和重视,但在今天,麦克卢汉的"预言"已经成为现实。他的主要著作有《机器新娘》和《理解媒介》等。

第一节　媒介即讯息

"每一种新技术都创造一种环境,这一新的环境本身常常被视为是腐朽堕落的。但是,新环境能使在此之前的旧环境转变为一种人为的艺术形式。

"文字刚发明时,柏拉图把先前的口头对话转变为一种人为的艺术形式;印刷术诞生后,在中世纪变成一种人为的艺术形式。'伊丽莎白女王时代的世界观'是对中世纪的一种看法。工业时代又将中世纪转变为一种人工艺术形式……"麦克卢汉导师如一位诗人般忘我地说着。

"老师,您今天要讲的内容是'媒介即讯息'吗?"马鹏伟像变了个人一样,语气温和地打断了麦克卢汉导师的讲述。

"没错,是的。"听到马鹏伟的询问,麦克卢汉导师先是一愣,随后马上回过神来。

"那就请您开始讲吧。"很显然,马鹏伟并不喜欢麦克卢汉导师的"念诗讲课法"。

"啊,很好。在正式开讲前,我想问大家一个问题,大家认为在漫长的人类社会发展过程中,真正有意义、有价值的讯息究竟是什么?"看上去,这个问题似乎是麦克卢汉导师忘记台词后临时想出的应急方案,因为这样的问题似乎很难找到标准答案。

虽然同学们针对这个问题展开了小声讨论,但却迟迟没有人站起来回答。时间一分一秒地过去,同学们的讨论声逐渐消失,课堂陷入寂静之中。

"同学们似乎没有思考过这个问题,可能也有一些同学会认为从古到今那些有意义、有价值的传播内容很多,但在我看来,有意义、有价值的讯息不是那些传播内容,而是媒介本身。"看到没有人回答,麦克卢汉导师只好自己给出答案。

"在人类社会漫长的发展过程中,真正有意义、有价值的讯息并不是各个时代传播的内容,而是这个时代所使用的传播工具的性质,以及它所开创的可能性和带来的社会变革。传播媒介可以在多种多样的物质条件下一再重现,正是这种形式上的特性构成了传播媒介的历史行为功效。"麦克卢汉导师继续介绍道。

"您所说的这种'媒介'是否要比我们现在所理解的'媒介'的范围要更宽泛呢?"卢方娜问道。

"你这个问题问得很好,我所说的媒介是一种广义上的媒介。在你们眼中的'媒介'可能只有语言、文字、印刷品、广播、电视、互联网等,但我所说的'媒介'除了包括这些内容外,还包括各种交通运输工具,同时也包括我们穿的衣服,住的房子,以及各个国家的货币,这些事物都可以延伸人体的功能,所以都在我说的'媒介'范围之内。"麦克卢汉导师解释道(如图7-1所示)。

"大家在这一解释的基础上再去理解我下面要讲的内容,就会更容易一些了。"似乎觉得后面的内容更不好理解,麦克卢汉导师提前为大家打了一支预防针。

"为什么衣服、房子可以被算作媒介呢?"林凯似乎并没有弄懂这个问题。

"这一点确实不好理解,举个例子,你觉得那些LED灯是媒介吗?"麦克卢汉导师问道。

"不是。"林凯摇着头答道。

图 7-1　不同类型的媒介

"那 LED 广告牌呢？"麦克卢汉导师又问道。

"广告牌应该是。"林凯答道。

"那为什么你会认为那些构成 LED 广告牌的 LED 灯不是媒介呢？"麦克卢汉导师追问道。

林凯不知怎么回答，一脸疑惑的样子。

"在我看来，你之所以认为 LED 灯不是传播媒介，是因为它没有'内容'，而认为 LED 广告牌是媒介，则是因为许多商家都会用它来打广告。这时你所注意的是'内容'，但在我看来在这时不仅 LED 广告牌是媒介，你所关注的这个'内容'也是媒介。正是基于此，我才将能够延伸人体功能的事物看作媒介。关于这一点，我们在下节课中将会进行详细论述。"麦克卢汉导师解释道。

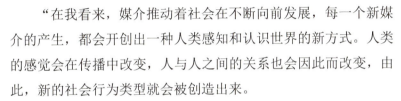

"在我看来，媒介推动着社会在不断向前发展，每一个新媒介的产生，都会开创出一种人类感知和认识世界的新方式。人类的感觉会在传播中改变，人与人之间的关系也会因此而改变，由此，新的社会行为类型就会被创造出来。

"关于这一点，大家应该比我更有体会，我没有赶上的时代，大家正生活于其中。接下来的内容，就由身处在这一时代的同学们来讲一讲吧。"麦克卢汉导师的言语中透露着伤感，如果他能生活在这个时代，应该还会开创出新的传播理论吧。

"在互联网时代，电脑应该算是一种媒介，它的出现完全改变了人类认识世界的方式。事实上，人与人之间的关系确实发生了改变，但究竟是变远了还是变近了，却并不好说。"李文文颇有感触地说道。

"现在应该算是移动互联网时代，电脑作为媒介的作用已经快被手机等移动终端所代替了。人与人之间的交流变得更加容易，人们也能随时随地获得最新的新闻消息，手机作为媒介确实对人类社会产生了较大影响。"卢方娜对李文文的回答进行了补充。

"这样说来，现在说的人工智能时代、大数据时代什么的，都算是媒介变革了吧。"马鹏伟接过卢方娜的话说道。

"在我看来，人类社会的每一次变革都得益于媒介及其技术的发展，电视时代如此，互联网时代如此，人工智能时代甚至更远的时代依然如此。因此，我们不应将关注的重点集中在各个时代的传播内容上，而是应该关注各个时代的媒介，它们才是真正有意义的讯息。"在回应马鹏伟的同时，麦克卢汉导师总结了本节课的内容。

第二节　媒介是人的延伸

"在课程开始之前,我希望大家回忆一下自己从出生到现在的生活发生了哪些改变。"一上来,麦克卢汉导师先提出了这样一个要求。

这看上去是一个开放性的简单问题,但同学们大多搞不准麦克卢汉导师想让大家回答的点在哪里,所以一段时间里没有人站起来回答问题。

"大家可以从媒介发展对自己生活的影响角度来说一说。"麦克卢汉导师似乎意识到了自己的问题,及时进行了补充。

"从这个角度来说,我觉得我至今为止的生活可以分为三个阶段。小时候接触最多的是电视,当时就是在书本上获得知识,在电视上获得精神享受;上高中时,有了自己的电脑,获取知识和追求精神享受就都靠电脑完成了;现在,手机越来越智能,电脑逐渐被取代,手机几乎成为身体的一部分,越来越与我们无法分割了。"卢方娜给出了教科书一般的回答,她以一己之力终结了这一问题。

"好,很好,我本以为这个问题需要两三个同学才能回答全面,看样子这位同学对媒介发展和自身生活变化的感触很深啊。"麦克卢汉导师显然没有预料到这种情况。

"这节课我们要讲的内容是'媒介是人的延伸'。在理解这一内容时,大家最好与前面我们讲到的'媒介即讯息'理论相结合。

"在我看来,任何媒介都是人的感觉和感官的扩展或延伸,文字和印刷媒介延伸了人类的视觉能力,广播媒介延伸了人类的听觉能力,电视则延伸了人类的视觉、听觉、触觉等多种能力。"麦克卢汉导师说道。

"那互联网和人工智能也算是人的延伸了。"马鹏伟说道。

"没错,虽然我对这两种媒介研究得不多,但它们确实也是人的延伸。"麦克卢汉导师强调道。

"不同时代的技术发展为人的延伸带来了不同的变化。在机械时代中,人的身体获得了极大延伸;而在电气时代中,人的中枢神经系统则获得了较大延伸;到了现在这个时代,就进入意识延伸阶段了。"麦克卢汉导师指出。(如图 7-2 所示)

图 7-2　媒介是人的延伸

"我们要如何理解这种意识上的延伸呢?"卢方娜不解地问道。

"在技术模拟意识的阶段,创造性的认识过程将会在群体中和在总体上得到延伸,并进入人类社会的一切领域,这就像我们的感觉器官和神经系统凭借各种媒介得到延伸一样。所以,对于这个问题,我们需要充分考虑各个类别的延伸后,才能得到答案。"麦克卢汉导师说道。

"您的意思是说,人的任何一种延伸,都是在前一种延伸的基础上产生的吗?"卢方娜继续追问道。

"你可以这样理解,因为事情正是这样发生的。人的任何一种延伸,无论是皮肤的、手的,还是脚的延伸,对整个心理的和社会的复合体都会产生影响。下面,我们以不同的延伸展开说明。"麦克卢汉导师回答道。

"在机械时代,汽车作为媒介是人的一种重要延伸。它的出现不仅使乡村消亡,同时也毁灭了环境闲适的城市,其让街道,甚至是人行道都呈现出一种非常紧张的场景,甚至让孩子们都无法在轻松的环境中嬉戏成长。"麦克卢汉导师说道。

"您所说的汽车作为人的延伸,是在强调其对人类社会和人类生活的变革和影响吗?如果是这样的话,那火车和飞机也与汽车一样都是人的延伸吗?"卢方娜继续问道。

"当然,人类的任何技术和任何工具的发展,都可以看作人的延伸,它们深刻而持久地改变了人以及人所在的环境。"麦克卢汉导师强调道。

"但我们为什么无法及时感知到这种改变呢?如果现在让我去说互联网出现对我们生活的改变,我也许能够总结几点,但如果让我说现在这个时代的媒介对我们的生活造成了多大改变,我也许很难说出什么。"李文文疑惑地问道。

"在我看来,媒介对人的延伸是一种强化,是对人的感知觉器官或功能的放大,当它发生时,人的中枢神经系统可能会对受影响的区域进行隔离(也可以称作麻醉),而这种出于自我保护的麻醉，会让人意识不到发生的事情。

"这更像是身体在震惊或者压力条件下的本能反应，与弗洛伊德所说的压抑理论很相近。我认为这是人类对新技术所带来的心理和社会影响失察的一种综合表现，这就好像鱼儿对身边的水没有感觉一样，就好像人类对身边的空气没有感觉一样。所以当一个新媒介创造的环境深刻改变了我们的感官平衡时，我们自己也会对此无知无觉。"麦克卢汉导师似乎很重视这个问题，对其进行了详细解释。

"在当今时代，大家在生活中或多或少都会感到焦虑，这是因为大家还没有意识到发生在自己身上的事情。整个世界变化发展得实在太快了，你们中的很多人可能还没弄懂互联网是什么，人工智能、大数据、物联网和区块链就出现在了大家的生活中。

"电子媒介的出现，促成了文化、价值观和立场的快速转变。我们只有意识到其动态规律，才能改善当前这种状况。也就是说，如果我们能够理解新媒介对当前社会生活带来的巨大转变，我们就可能会预见并控制它们。但如果我们依然停留在自我麻醉状态，那我们就会成为媒介的奴隶。"麦克卢汉导师总结并强调道。

"我觉得大家可以向艺术家们多多学习，因为他们总是能先知先觉。"麦克卢汉导师补充道。

第三节 "热媒介"与"冷媒介"

"现在我这里有一些媒介，如电话、电视、电影、收音机……"麦克卢汉导师列举了一系列媒介，"在研究媒介时，我将这些媒介分成了'热媒介'和'冷媒介',现在我先不告诉大家我的分类标准是什么,大家先自己来试着将这些媒介分一分类。"

对于这个问题,如果提前预习过麦克卢汉导师关于"热媒介"和"冷媒介"论述的同学应该很容易能够回答出来,但如果没有提前学习过相关内容,在分类时就会毫无头绪,毕竟就连麦克卢汉导师本人也没有对全部媒介进行过明确的分类界定。

"我认为电视是一种冷媒介,因为我们想要理解它所传递的信息需要调动多种感官。"卢方娜第一个给出答案。

"很好,你的判断与我一致。"麦克卢汉肯定了卢方娜的回答。

"那电影也是一种冷媒介,与电视一样,同样需要我们调动多种感官才能理解它所传递的信息。"林凯使用以此类推的方式给出了自己的答案。

"你这样回答也有道理,你说的电影可能应该是有声电影,如果是无声电影呢?你会将它归到哪一类?"麦克卢汉导师追问道。

"无声电影与有声电影都是电影,它们传递的信息是一样的,应该也属于冷媒介吧。"林凯对这个答案似乎并没有那么肯定。

"不对!如果从调动感官的角度来讲,无声电影所传递的信息,我们只要通过视觉就可以理解;而有声电影所传递的信息,则需要我们调动视觉和听觉才能理解。所以,无声电影应该分到热媒介类别中。"卢方娜一针见血地指出了林凯回答中的破绽。

"没错,这位女同学的补充很正确,看样子是课前做足功课了。"麦克卢汉导师笑着说道。

"这样说来,划分'热媒介'和'冷媒介'就是按照它们所传递的信息需要调动多少我们的感知器官吗?"林凯不解地问道。

"这算是一个方面,还有一些其他的判断点,下面我来详细叙述一下。"麦克卢汉导师解释道。

"在我看来，那些'热媒介'所传递的信息都是比较清晰明确的，我们在接受这些信息时并不需要调动过多感官去思考和联想，大家可以认为这些媒介本身就是'热'的，我们进行信息处理时不需要提前进行过多准备。

"而那些'冷媒介'则与'热媒介'恰好相反，它们所传递的信息比较少，而且相对模糊，我们在理解时需要调动多种感官相互配合，同时还要充分发挥想象力去思考。这就是'热媒介'与'冷媒介'的区别所在。"麦克卢汉导师详细阐述了自己的理论。

"简单来说，大家可以从'信息清晰度''信息内容量'和'感官参与度'三个方面来判定一种媒介究竟是'热媒介'，还是'冷媒介'。"麦克卢汉导师总结道。

"下面我来说几个特殊的媒介，大家来判断一下它们究竟是'热媒介'，还是'冷媒介'。"看到没有人提问，麦克卢汉导师打算通过互动来活跃一下课堂气氛。

"照片是什么媒介？"麦克卢汉导师问道。

"热媒介！"大家似乎异口同声地回答道。

"那漫画呢？"麦克卢汉导师继续问道。

"热媒介！""不对，应该是冷媒介。"这一次大家的回答似乎产生了分歧。

"这样，哪位同学站起来说一下。"麦克卢汉导师似乎不太适应这种群体回答。

"它应该与照片一样，都是热媒介。"林凯抢先答道。

"应该是冷媒介吧，从感官参与度上来说，理解漫画要更为复杂一些。"马鹏伟给出了截然不同的答案。

"我比较认同第二位同学的观点，漫画并没有照片清晰，在理解它所传递的内容时，也需要我们更多地进行思考和想象。"麦克卢汉导师解释道。

"那电话是一种什么媒介呢？"林凯问道（如图 7-3 所示）。

图 7-3　热媒介和冷媒介

"电话是一种冷媒介，因为它提供给我们的信息是相当匮乏的。"麦克卢汉解释道。

"那这么说，语言也是一种冷媒介了，它提供给我们的信息也是有限的，很多时候我们需要自己去完善这些信息，从而理解信息的意思。"李文文补充道。

"没错，的确是这样的。"麦克卢汉导师肯定了李文文的回答。

"那些作用于多种感官的媒介所传递的信息，不是要比作用于单一感官的媒介更为丰富吗？这样说来，信息含量大的媒介，感官参与程度就要更高，那无声电影和有声电影的分类不就有问题了吗？"李文文又将焦点转到了无声电影和有声电影的分类上。

"关于这一点，我们确实没办法按照一贯的标准进行分类。在我看来，区别冷热媒介的原则，完美地表现在俗语的智慧之中，即'女子戴墨镜，男子少调情'。墨镜会使开朗的外观更加突出，从而完全填补了女性的形象。而墨镜也会让人的形象神秘莫测、难以接近，这种形象需要人去参与了解，并去补充完成。"麦克卢汉导师给出了一种模棱两可的回答，这种解释似乎比不解释还要模糊。

关于"热媒介"和"冷媒介"的分类标准，麦克卢汉并没有进行过明确界定，他对冷热媒介的划分也没有一贯的标准，在一些时候，甚至还存在着逻辑上的矛盾。事实上，冷热媒介的分类其本身并没有太多科学价值，但这种媒介分类方式告诉我们，不同媒介作用于人的方式是有所不同的，从而会引起受众不同的心理和行为反应。对于媒介研究者来说，在研究媒介时候应该将这些因素充分考虑在内，这样的研究成果才是全面而有价值的。

第四节　"地球村"是怎么来的

一个月的时间很快便到了尾声，麦克卢汉导师的传播学课程也迎来了终结。麦克卢汉导师的理论虽然在表述上有些复杂，但放在当今时代去思考，还是很容易理解的。至少对于卢方娜来说，消化麦克卢汉导师讲过的内容并不困难。

"大家如果看过我的书，应该会知道我是个不喜欢对自己的理论做过多解释的人，所以让我来讲课可能并不是个明智的选择。从现在大家所处的时代来理解我的理论，应该要比在我们那个时代去理解容易得多，因此大家在听课的过程中，可以多多发散思维，将我的理论引入到你们的日常生活中去检验。这样你们能更好地理解，我也能少做些解释。"麦克卢汉导师说道。

"最后一节课了，您还是多说一些吧。"卢方娜笑着说道。

"不了不了，本节课的内容不用我多说什么，大家应该都能理解。"麦克卢汉导师也笑着回应道。

大家的欢笑让最后这堂课的气氛活跃了不少。

"我想'地球村'这个概念大家应该都不陌生吧？"麦克卢汉导师试探性地问道。

"这是我们小学社会课中讲过的内容。"马鹏伟抢着说道。

"小学内容？虽然这个概念很好理解，但应该没有到小学生都能理解的程度吧。"麦克卢汉导师小声嘀咕道。

"那就请这位同学来为大家解释一下'地球村'这个概念吧。"麦克卢汉导师看着马鹏伟说道。

"在经济全球化影响下，跨国公司不断增加，伴随着跨国贸易的兴盛，世界各国间联系更为紧密，地球由此逐渐演变成了'地球村'。"马鹏伟如背书一般给出了答案。

"啊，还有互联网技术的推动，也是'地球村'形成的关键因素。"还没完全坐下的马鹏伟又补充道。

"回答得很好，这位同学的回答确实很有社会学的感觉。在我们那个时代，还没有多少人认为世界变得越来越小了，但在我看来，当时的世界已经开始缩小了，而到了你们这个时代，地球真的就像一个村子那样小了。"麦克卢汉导师说道。

"但我所说的'地球村'概念更多的是从传播学角度出发的,与这位同学所说的可能有些不同,我关于'地球村'形成的原因有以下几点看法。

"首先,电子媒介的出现让信息传播的距离越来越远,生活在地球某一角落的人们可以借助电子媒介,了解到发生于地球其他角落的重大事件。如果放在远古社会,人们只能通过口耳相传来了解远方的事件。

"其次,电子媒介的同步化让人与人之间的沟通更为紧密,依靠即时通信工具,人们可以随时沟通联系,整个世界的空间距离逐渐被消除。

"最后,在电子时代,人不再是分裂切割、残缺不全的人,而是重新完成了部落化过程的人,这是一种不同于原始社会的部落化,而是一种更高层次的重新部落化。"麦克卢汉导师条分缕析地解释了"地球村"概念的由来(如图 7-4 所示)。

图 7-4 "地球村"的由来

"人们为什么会变得分裂切割、残缺不全？"卢方娜问道。

"我以为你会问什么是'重新部落化'的问题。"麦克卢汉导师说道。

"也要问的。"卢方娜接着说道。

"这两个问题确实需要放在一起来说。关于前面'地球村'形成的原因，大家应该能理解我说的前两方面原因，疑问应该都落在最后一点上，在这里我来集中解释一下。"口口声声说不解释的麦克卢汉导师解释道。

"在原始社会中，语言是最基础的传播媒介，由于声音的传播距离有限，人们必须要生活在一定范围内，由此便形成了原始社会的部落。在原始社会中，人们依靠语言媒介相连接，彼此间保持着较近距离的密切关系。这是人类社会最初的部落。

"这一时期人类感知世界的方式是整体的，人们自身的技艺也是多方面发展的，当时的人们既不会去分析事物，也不会专精一门技能。所以我将这时的人称为部落人、整体的人，他们是不被分割肢解的、不专干一门的人。"麦克卢汉导师解释道。

"真是因为当时物质条件十分匮乏，没有过多事物分散他们的注意力吗？"李文文问道。

"我认为是因为媒介单一的原因，但你这个角度的解释也有一定的道理。"麦克卢汉导师肯定了李文文的回答。

"伴随着文字和印刷媒介的出现，人与人之间的交往变得不那么紧密，至少他们不必再在物理空间上紧密接触，而是可以分散到更广阔的地域中。这种情况导致了人与人之间的关系变得疏远，部落社会也随之解体。

"这一时期的人们学会了分析，但随之而来的就是人们变成了被分裂切割、残缺不全的非部落人。机械印刷术和工业化将人类推向了非部落化的极端。"麦克卢汉导师继续说道。

"我还是不能理解人们是如何变得分裂切割、残缺不全的。"卢方娜依然对这个问题充满疑惑。

"我觉得你可以从'技术发展了,却没有发展到完善'这个角度来理解这个问题。这一时期人们专精一门便可生存下去,事实上大多数人都变成了这样。"麦克卢汉导师解释道。

"到了电子时代,电子媒介尤其是电视的出现再一次改变了社会发展状况。其依靠实时传播和强烈的现场感再次链接起整个世界,人与人之间的实际距离虽然没有变化,但感觉上的距离却拉近了很多。在这一阶段,人类在整个世界范围内实现了重新部落化,这种新的部落范围要远超过原始社会的部落范围,所以我用'地球村'来描述它。"说完,麦克卢汉导师长出了一口气。

"这样说来,在将来还会出现'太阳系村''银河系村'和'宇宙村'吗?"马鹏伟问出了一个异想天开的问题。

"如果媒介技术发展到足够先进,应该会出现这些情况。当然,你们能不能等到就不知道了。很多时候,我们都是在盯着后视镜看现在,倒退着走向未来。"留下一句意味深长的话语后,麦克卢汉导师消失在讲台之上,这一次他并没有对这句话给出任何解释。

第八章
梅尔文·L. 德弗勒导师讲"媒介依赖"

在本章中,梅尔文·L.德弗勒导师为同学们带来了有关"媒介依赖"的内容。德弗勒导师的讲述可谓天马行空,开始还在讲"媒介依赖者",随后又讲到了"魔弹理论",过了一周,他的话题又到了"兴趣推荐"上。这些看上去颇为跳跃的内容,被德弗勒导师完美地串联在一起,形成了趣味十足的课堂风格。

梅尔文·L. 德弗勒

(Melvin L. DeFleur,1923年4月27日—2017年2月13日),1923年出生于俄勒冈州的波特兰,著名社会学家和传播学家。在20世纪70年代初期,他主要致力于社会学理论研究,与他人合作完成了多部社会学入门书籍。

此后,伴随着电视媒介的兴起,他开始研究大众媒体。1976年,他与桑德拉·鲍尔·洛基奇共同创立了媒介依赖理论。其主要代表作品为《大众传播学诸论》。

第一节　你是不是一个"媒介依赖者"

"那位玩手机的同学，快把手机收一下！看你这姿势是在打游戏吧，打游戏出去打，不要影响其他同学！"德弗勒导师冲着一个玩手机的男生说道。

"我没有玩手机，我在看您写的书呢。"男生一边说，一边举起手中的手机让德弗勒导师看。

"噢，在看我的书啊，我就在你面前，看看我不好吗？不要对手机太过依赖，小心成为一个'媒介依赖者'。"德弗勒导师说道。

"'媒介依赖者'是什么？"男生问道。

"看我的书还不知道'媒介依赖者'是什么，你真是，还不如打打游戏放松一下呢。"德弗勒导师开玩笑地说道。

"好了，玩笑过后，我们来正式开始本周的课程。在第一堂课中，我们就来讲一讲'媒介依赖'这一问题吧。"德弗勒导师说道。

"我认为，媒介是现代社会结构的一个重要组成部分，它与个人、群体、组织和其他社会系统具有相互关系。一种新的媒介在社会中立足之后，人就会与之形成一种依赖关系，这种关系往往具有双向性，媒介作为较为强势的一方，从传播内容方面控制着人。人们希望获得有用的信息，只要媒介还没令他们失望，他们就会不断增加对其的依赖性。"德弗勒导师详细介绍了自己的媒介依赖理论（如图 8-1 所示）。

图 8-1　媒介影响受众

"互联网成瘾现象也是媒介依赖的表现吗？"卢方娜问道。

"没错，现在更多说的应该是手机成瘾吧。"德弗勒导师看向玩手机的男生，"这位同学能讲一讲手机媒介对你的影响吗？"

男生似乎早就准备好了应对之策一样，迅速站起来说道："我觉得手机媒介变得越来越智能，给我们的生活提供了很多好处。比如在您开始讲课之前，我就可以通过手机阅读您的著作，同时还可以查到其他我想要查阅的东西。当然在想要放松的时候，我还能听听音乐、看看电影、玩玩游戏，所以我觉得这种依赖没什么不好的。"回答完问题后，男生以一种胜利者的姿态坐到了座位上，将发言权重新交到了德弗勒导师手上。

"很好，这位同学回答得很到位。我就顺着这位同学的回答，继续为大家介绍一下媒介依赖理论的其他内容。"德弗勒导师似乎得到了他想要的回答。

"不可否认，当前社会已经变得越来越复杂了。当置身于这样的社会中时，我们不得不依赖媒介去认识世界、感知世界。很多时候，我们还需要依赖媒介去对一些事情做出应对和选择，利用媒介帮我们放松精神、减轻压力。

"正如上面这位同学所说，使用手机可以帮助他获得知识，查阅各种信息。而当他需要放松的时候，还能利用手机听听音乐、玩玩游戏。这是大众媒介不断发展的结果，同时也是社会不断演化的结果。"德弗勒导师解释道。

"但依赖媒介不会让人丧失自我思考吗？"卢方娜问道。

"这一点是值得去思考的。当我们越来越多地通过媒介去理解社会时，媒介也在不断塑造着我们的期望和精神。在前面的课程中，大家应该学习过'拟态环境'的内容，可以利用这一理论去理解这个问题。"德弗勒导师说道。

"在个人层次的媒介依赖关系中，个人会在谋求生存与发展的动机驱使下树立起'理解自身及社会、确定方向、获得娱乐'这三种目标，想要实现这些目标，个人就需要去接触并依赖媒介来获得信息资源，这是一个让人'上瘾'的过程。"德弗勒导师解释道。

说到这里，课堂中发出一阵'哦'的声音，看上去大家似乎理解了媒介依赖理论的"门道"。

"要怎样理解这个'上瘾'的过程呢？为什么有的人没那么'上瘾'，有的人却严重'上瘾'呢？"李文文问道。

"你这个问题不能只依靠传播学理论来解释，但从传播学角度来说，每个人受到媒介的影响是不同的，一般那些需求较多的人，会更依赖媒介，其受到媒介的影响也会更大。在信息化社会中，信息越来越多、越来越碎，人们为了实现目标只能更加依赖于媒介。"德弗勒导师解释道。

"上面提到的媒介依赖主要是受众对媒介工具的依赖，即受众将媒介作为获取信息的工具或消遣娱乐的手段,来满足自己的需求。除了这种受众对媒介工具的依赖外,还有受众对媒介内容的依赖。"德弗勒导师说道。

"这种媒介内容是指互联网所营造出来的虚拟世界吗?"李文文问道。

"主要是指媒介创造出来的'拟态环境',除了你说的'虚拟世界'外,还有'二次元世界'等。媒介通过文字、图像、声音等符号载体,通过向受众传播信息的方式,为受众打造了一个来源于现实,又与现实并不完全相同的媒介环境。

"在这种媒介环境中,受众对媒介的依赖会更为明显,而媒介对受众身心的影响也会更加强烈。"德弗勒导师指出。

"那些因为沉迷网络游戏,分不清虚拟和现实的人是因为过度依赖媒介吗?"卢方娜追问道。

"这类人对媒介的依赖肯定是有的,但是否存在一些其他的原因,还需要具体问题具体分析。"德弗勒导师给出了一个较为中肯的解答。

"我觉得相比于这种依赖,我们当前还是对媒介工具的依赖更为强烈。"李文文说道。

"没错,伴随着信息碎片化程度不断加深,人们对媒介工具的依赖也会进一步加深。从现在来看,这种趋势是无法避免的。但对于大家来说,如何保证高效利用媒介工具,而不是因为过度依赖而被媒介影响和左右,是大家需要考虑的问题。

"相比于对媒介工具的依赖,虽然受众对媒介内容的依赖并不普遍,但从影响程度来看,如果越来越多的受众开始对媒介内容产生依赖,总是飘荡在媒介所描述的虚拟的自由王国中,看上去每个人似乎都找到了自己的理想乐园,但其究竟是乐园,还是牢笼,需要大家仔细思考。"德弗勒导师对本节课进行了总结。

第二节 大众传播的"魔弹理论"

"人类研究传播效果的历史,可以追溯到很早很早以前,在古希腊和古代中国都曾留下过许多相关记载。但我们今天并不需要去探寻那么久远的历史,我们主要来谈一谈20世纪以来的现代传播效果研究。"德弗勒导师说道。

"现在让我们将时钟拨回到20世纪初到20世纪30年代这段时间,大家先思考一下这段时间都发生了哪些事情。"看样子德弗勒导师是打算讲一些传播效果研究史方面的内容了。

"这一时期的战争比较多,世界范围内有第一次世界大战,各个国家也爆发了革命,一些国家甚至为第二次世界大战做好了准备。"马鹏伟强调了这段时间战争不断。

正当另一位同学准备起身回答问题时,德弗勒导师提醒道:"大家可以多谈一些传播学方面的事情。"听到导师如此提醒,准备回答问题的同学坐了下来,随之而来的是一片寂静。

"事实上,在这段时期里,报刊、广播和电影等媒介获得了较快发展,传播学者们对传播效果的研究也由此开始。"经历片刻尴尬后,德弗勒导师继续说道。

"这一时期的传播效果理论被称为'魔弹论'或'皮下注射论',研究者们认为传播媒介具有不可抗拒的力量,它们所传递的信息就好像一颗子弹一样击中受众,好像一剂药剂一样注入受众皮肤之中。"德弗勒导师解释道。

"传播效果有这么立竿见影的时候吗?"马鹏伟似乎并不认同这一理论。

"看来有同学看出其中的问题了,'魔弹论'认为传播媒介可以左右人们的态度和意见,一些时候甚至可以支配人们的行动。大家觉得这可能吗?"德弗勒导师问道。

"不可能!"同学们几乎异口同声地给出了一致回答。

"有些时候也有可能。"正当德弗勒导师想要继续向下讲时,卢方娜说道。

"哦?这位同学认为在什么时候可能会出现这种情况呢?"德弗勒导师问道。

"我并不知道怎样能出现这种情况,但从当前时代的社会现实来看,就是有一些人被传播媒介所诱导,被骗财、被骗色、被煽动,这些社会现实都可以体现出这种传播效果。"卢方娜解释道(如图8-2所示)。

"我认为你所列举的例子并不常见,所以没办法作为一个普遍的样本进行解读。事实上,在20世纪初之所以会出现这种'魔弹论':一方面是因为大众媒介在当时迅速普及,以广播和电影为代表的电子媒介迸发出巨大活力,渗入每个人的家庭与生活之中,由此对大多数受众产生了深刻影响;另一方面是因为在这一时期,各个社会主体对传播媒介的利用都达到了很高的程度,这让人们处处感受到传播的力量。"德弗勒导师解释道。

"在第一次世界大战中的宣传达到这种效果了吗?"李文文敏锐地想到了世界大战中的宣传问题。

"在第一次世界大战中,许多国家都参与到了宣传战之中,交战双方不仅要瓦解对方的斗志,还需要团结自己的盟友。为此,他们通过新闻报道、图片、电影、海报、书刊等宣传手段为自己服务。这场战争最后以协约国一方获胜而结束,不可否认,宣传对协约国的胜利起到不小的作用,但这种效果并不是绝对的。"德弗勒导师解释道。

图 8-2　魔弹效应的"威力"

"您的意思是说这种'魔弹论'实际上是错误的吗?"李文文继续问道。

"从此后的传播学发展,以及传播效果研究来看,这一理论无疑是错误的,它有些过分夸大了大众传播的力量和作用。这一点很好理解,以现在的情况来说,我在课堂上讲授知识,大家在座位上听,我的话语能像子弹一样击中大家,并立刻产生效果吗?很显然,这并不可能。"德弗勒导师说道。

"那为什么当时的传播学研究者会认为受众的态度和意见会受到媒介的左右呢?"卢方娜似乎对这一问题仍有疑问。

"在我看来,'魔弹论'以本能的'刺激—反应'论和媒介效果强大为基础,再加上当时'相互隔绝、孤立无援'的受众观,最终得出上述结论也就不让人意外了。

"当然,这种观点产生于传播效果研究的初期,人们对媒介的认识存在不足是可以理解的。在此后的传播效果研究中,研究者们在一系列实验和实践基础上,又发现了新的传播效果理论。

"而到了现在,传播媒介依然在不断变化发展,传播效果的研究也在不断跟进,谁都不知道会不会有新的传播效果理论出现。但对于你们而言,真正重要的应该是理解各种传播效果的发生机制,这样就不会出现上面同学提到的'被骗财、被骗色、被煽动'的结果了。"借助于对"魔弹论"的介绍,德弗勒导师为同学们上了一堂生动的人生哲学课。

第三节 "兴趣推荐"究竟在推什么

"在上一节课中,我们介绍了'魔弹论'的主要内容,通过我的讲述,大家应该抛弃那种认为大众传播能对受众产生直接、即时效果的观念了。但在理解人们如何接受大众传播并受其影响方面，这一内容肯定是不够的。"德弗勒导师说完停顿了一下。

"经常刷微博话题、刷热点新闻的你们，应该对'兴趣推荐'不陌生。但在接受这种'兴趣推荐'服务的同时，大家有没有想过其出现的原因是什么？"德弗勒导师说道。

德弗勒导师竟然提出了这么新潮的问题，而这一突如其来的问题也着实难住了在座的同学们，似乎又一次冷场即将发生。

"它可能就是为了让我们沉迷其中无法自拔。"马鹏伟及时救场，引得大家哄堂大笑。

"这种程序应该是通过记录我们的操作行为，来推算出我们的兴趣，然后根据不同人的兴趣给大家推送不同的内容。从目的上来说，可能确实是为了长时间地把我们留在这款程序上。"在笑声逐渐平息后，卢方娜回答道。

"从技术角度来讲，这位同学的解释是非常到位的。我今天要讲的内容与之具有很大的关联，但并不是技术层面的，而是心理层面的。"跟着大家一起笑的德弗勒导师尽力让自己平静下来。

"在研究传播效果过程中，我发现受众心理或认识结构上的个人差异，是影响他们对媒介注意力以及对媒介所讨论的问题和事物所采取的行为的关键因素。"德弗勒导师说道。

"个人差异是指人们在个性上的差异吗？"卢方娜问道。

"这种差异可以说是全方位的，它可以是兴趣爱好的差异，可以是性格脾气的差异，也可以是人生观和价值观的差异，总的来说世界上没有两个一模一样的传播对象。"德弗勒导师解释道（如图8-3所示）。

"在这里，大家认为这些个人差异的各个方面，是从我们的先天遗传而来，还是由我们后天学习得来的？"德弗勒导师问道。

图 8-3 无所不在的"兴趣推荐"

"先天后天应该都会有一些,性格可能存在先天遗传的影响,兴趣爱好应该更多是后天习得的。"林凯将自己的一票分成了两部分,先天后天各分一半。

"我觉得还是后天因素更多一些,先天遗传的应该是一些身体特征才对。"齐悦说道。

从同学们的小声议论中可以听出,支持后天学习的同学更多一些。

"这一问题在20世纪以前的心理学领域得到了广泛讨论,而后这种讨论在社会学领域也时有发生。到了20世纪以后,那些坚信'先天性'的心理学家们开始动摇，最终'后天学习派'在这场讨论中坚持到了最后。

这种'后天学习论'对于大众媒介效果研究者来说意义非凡，媒介正是一种把观念传递给受众的手段，这些观念也明显在讯息接受者的心理组织上产生了变化，可以说这种行为转过来又改变受众的行为。"德弗勒导师解释了很多，但似乎依然没有点明自己要说的内容。

"您是认为大众媒介可以培养我们吗？"李文文问道。

"你可以这样理解，但关于这一理论更详细的内容，相信后面会有导师专门为大家讲述。我在这里要说的，主要是在发现人的差异对于理解受众行为的意义得到展示后，那些使用大众媒介的人出现的一些改变。"德弗勒导师解释道。

"在传播效果研究过程中，始终存在着一个不好解决的问题，那就是使用大众媒介进行说服时，有什么办法可以获得更多受众的响应？

"大众媒介从业者想到了两种策略，一种是'一样信息适用全体'，简单来说就是针对所有受众，用全部版面去传播同样的消息，从而来获取最佳效果；另一种是'不同信息针对个体'，即那些说服性信息应该根据具体对象的兴趣爱好、性格需要、人生观和价值观，因人而异地传播。"德弗勒导师说道。

"'兴趣推荐'是运用了第二种策略的。"林凯说道。

"没错，从传播策略上看确实如此，这正是由个人差异被认知后所带来的结果。"德弗勒导师解释道。

"因此，在开展说服性行动前，我们需要先鉴别信息所针对的各种类型人们的具体特点。在做好这一点后，为了让说服性行动更为有效，我们需要在信息中加入一些能够吸引特定受众注意力的内容，这样我们的说服性行动的成功率才会有所提高。"德弗勒导师继续说道。

"这不就是'看人下菜'吗？"马鹏伟好像一下子明白了过来。

"确切地说这是'看人做菜'，你做的菜只有符合对方的胃口，对方才愿意付钱。如果你的菜让人难以下咽，说不好对方还要与你打上一架。"德弗勒导师用一个形象的比喻结束了这节课。

第四节　传播过程模式是个复杂系统

"在传播学的发展历史中，有不少研究者喜欢用构建模式的方式来说明传播过程，我就是其中的一个。我构建的传播过程模式虽然不是最好的，但至少不是最差的，所以在最后一节课中，我想跟大家探讨一下这方面的内容。"似乎是在前面几节课中放开了自我，德弗勒导师的言语愈发幽默。

"在介绍我的传播过程模式之前，我们先来介绍一下其他研究者构建的传播过程模式。"看样子，德弗勒导师要讲一堂大课了。

"在传播学史上，第一个构建传播过程模式的人是拉斯韦尔，你们应该也见过他了，他的传播过程模式就是'5W'模式，大家只要把那5个'W'串起来就好了，这里我就不多做说明了。"德弗勒导师几句话带过了拉斯韦尔导师研究多年的理论。

"大约与拉斯韦尔同时，'香农—韦弗'模式出现了。这一模式描述的是电子通信的过程，所以是直线的，缺少反馈。这个模式引入了'噪音'的概念，我觉得还是比较有价值的。"德弗勒导师用几句话点评了"香农—韦弗"模式。

"关于这些模式具体的结构,您能讲得再详细一些吗?"卢方娜问道。

"好,后面我会讲详细一点的。"德弗勒导师的回答让人听着有些应付的成分在其中。

"直线模式缺乏反馈环节这一问题得到重视后,一些学者开始构建其他类型的传播过程模式。施拉姆你们应该也见过了,他提出了一种被称为'循环模式'的新模式。他这个过程强调了传播的互动性,并将传播双方都当成了传播行为的主体,这是值得肯定的。但其将传播双方放在完全对等的关系中,这显然是不符合现实的。

"当然,他本人也认识到了这一点,在这一模式之后,他又提出了另一种大众传播过程模式。这个模式就要相对全面很多了,里面涉及内容也比较多,在这里就不展开说明了,大家有兴趣可以自己去了解一下。"德弗勒导师似乎又开始了一语带过式讲课。

"您还是多给我们解释解释吧。"卢方娜再次说道。

"好,既然大家想多了解一下,下面我就多做些解释。"从表情来看,这次德弗勒导师的话应该是认真的。

"最后要说的一种传播过程模式是'互动过程模式',这个模式克服了单向直线传播的问题,将反馈的要素、环节和渠道融入整个模式之中,使得整个传播过程模式更符合人类传播互动的特点。

"另外,相比于'香农—韦弗'模式,这种模式还将'噪音'与整个传播过程的各个环节相关联,表明在信息传达和反馈过程中的任何一个环节或要素都会发生影响。"德弗勒导师说着,整个脸上都洋溢着骄傲的神色。

"这个'噪音'指的是什么?是说干扰信息传播的其他什么

声音吗？"李文文问道。

"这种'噪音'来自于信息之外，是信息传播过程中的各种干扰因素。"德弗勒导师解释道（如图8-4所示）。

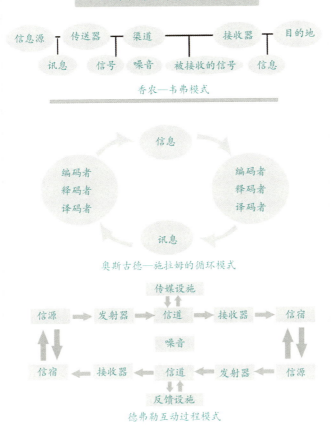

图8-4 几种不同的传播过程模式

"它是代表着外部所有干扰信息传播的因素吗？具体来说又有什么呢？"李文文继续追问道。

"严格来说,'噪音'作为影响信息传播的外部因素是没有问题的,但影响信息传播的外部因素应该不止这一点。虽然在我的互动过程模式中没有体现出这些因素,但大家应该注意到这一点。"在解释这一问题时,德弗勒导师的心情似乎有些低落。

"关于这一点,大家在生活中应该有所体会,有哪位同学思考过传播到自己耳边的信息与信源信息出现差异的原因呢?"德弗勒导师想要通过这一问题转移大家的关注重点。

"有些信息最初是正确的,但以讹传讹就变了样。"马鹏伟说道。

"你的意思是信息在传播过程中,经过各个节点时出现了损耗吗?"德弗勒导师问道。

"也不是损耗,应该是每个传播者都对信息进行了加工整理,到最后这个信息就与原来的信息不同了。"马鹏伟解释道。

"那还是在传播过程中受到了外部因素的干扰,加入了其他不同的信息,而'噪音'则属于这些外部因素中的一种。"德弗勒导师解释道。

"那这样说来,您说的这种传播过程模式只介绍了'噪音'对信息传播的影响,并没有提到其他方面的外部影响因素,这是不是一个有待完善的地方呢?"李文文又刨根问底地追问道。

"如果说这种传播过程模式存在什么不完美的地方,你说的这一点确实是问题所在。一般来说,越是后被构建起来的传播过程模式,其完善程度越高:一方面是可以在前人的基础上搭建;另一方面也是因为媒介发展使传播过程更加明显。所以大家在学习这一方面内容时,将不同的传播过程模式放入不同的时代考量,理解的效果会更好一些。"德弗勒导师总结道。

第九章
罗伯特·艾兹拉·帕克导师讲"媒体如何影响公众"

在本章中,罗伯特·艾兹拉·帕克导师围绕"媒体如何影响公众"这一论题展开了论述。从"刷微博的乐趣"开始,帕克导师讲到了"传播是社会的中心",以及边缘人问题。他的理论充满了社会性思考,为同学们提供了一种思考问题的全新角度。

罗伯特·艾兹拉·帕克

(Robert Ezra Park,1864年2月14日—1944年2月7日),美国城市社会学家,他的研究发现对美国社会学发展造成了深远影响。其在人类生态学、社会运动、社会解组、族群关系、移民等领域的工作受到了广泛赞誉。

作为芝加哥学派代表人物,其在社会学领域开启了都市生态研究以及种族移民问题研究的先河,而在他的这些社会学研究中,也包含着丰富的传播学思想。他的一生著述不多,《移民报刊及其控制》是他最为有名的著作,这本极具影响力的著作是关于早期美国传播学最重要的教科书。

第一节　刷微博的乐趣在哪里

传播学课程进入第九周,整个学期过半,卢方娜的课堂笔记已经记了整整一本,而马鹏伟也多少对传播学产生了一些兴趣。他们发现,相比于那些更追求实际操作的学科内容,传播学更多的是在社会现象中提炼理论,然后再用这些理论去指导社会实践。在卢方娜看来,学习传播学就是在逐渐了解自己的生活。

正当卢方娜刷着微博想要发表一下感慨时,头发花白的帕克导师已经悄悄出现在她的身后。看着卢方娜编辑完微博内容,并点击'发布'后,帕克导师一步步走向讲台。

"这位同学,刚刚我看你在愉快地刷着微博,你能描述一下在这一过程中你获得了哪些乐趣吗?"帕克导师微笑着向卢方娜提出了问题。

直到这时,卢方娜才察觉到自己刚刚刷微博的一举一动都已经被帕克导师看到了。她略显尴尬地站了起来,短暂思考后说道:"我就是在浏览、点赞、分享、评论的过程中感到挺有意思的,我能看到别人发布的有趣信息,别人也可以接收到我发布的内容,这个分享的过程就挺有意思的。"

"看样子你是个很注重体验的女孩子啊!"帕克导师说道,"其他同学对这个问题有什么想说的吗?"

"刷微博就是为了看八卦,娱乐一下,扩展扩展自己的视野。"马鹏伟的回答引起了阵阵欢笑,同时也获得了一些男同学的支持。

"看样子这位同学也是蛮注重体验的,虽然跟这位女同学追求的体验有所不同,但你们在刷微博这方面还是蛮般配的。"帕克导师的话引起了更多欢笑,还伴随着一些起哄的声音。

"看样子大家对刷微博挺感兴趣的,正好借着这一点,我谈谈自己对传播的一些看法。"帕克导师将话题从微博引入到课程主题之中。

"在我看来,传播是人类关系的本质,它是一个社会心理变化过程,凭借这个过程,在某种意义或某种程度上,个人能够假设其他人的态度和观点,人们之间合理的和道德的秩序能够代替单纯的和本能的秩序。这一点,大家在刷微博的过程中应该深有体会。"帕克导师说道。

"您是说通过刷微博,我们与其他人产生了关联?"卢方娜问道。

"包括你的点赞、评论、分享在内的操作,都是一种信息交流,也就是传播。"帕克导师说道。

"在刷微博的过程中,是别人假设我们的态度和观点,还是我们去感知别人的态度和观点呢?"李文文从另一个角度提出了问题。

"我认为这两点并不矛盾。传播本就是人类社会相互影响的基本方式,在发布微博时,我们会去考虑看微博人的态度,而在看微博时,我们也能感知到发微博人的态度。这其实涉及了大众媒介功能的内容。"帕克导师解释道。

"作为社会系统的一部分,大众媒介在社会中必须要履行一系列功能,从而保障社会的正常运行。在很多时候,大众媒介履行的功能对于社会系统来说是不可或缺,也不可替代的。我认为这些功能主要表现在两个方面,即参考与表达。微博作为一种大众媒介,其为大家提供的正是参考与表达的功能。"帕克导师说道。

"'表达'功能是表达我们的情感和思考,这一点并不难理解。'参考'功能主要是指什么呢?"卢方娜问道。

"大众媒介的'表达'功能是通过姿态和其他表达性行为来传播感情,而'参考'功能则是通过符号来传播信念。相比于'表达'功能,我更偏爱'参考'功能。"帕克导师指出。

"但事实上,从当前的微博生态来看,想要发挥大众媒介的'参考'功能似乎并不现实,因为大家很难判断微博中的内容到底是真是假。而相反,在微博上,'表达'功能大行其道,几乎侵占了'参考'功能的生存空间,每个人都在自由表达,但这种表达在我看来意义并没有那么大。"帕克导师继续说道(如图9-1所示)。

图9-1 大众媒介的表达和参考功能

"为什么自由表达不重要呢？不表达怎么交流呢？"卢方娜反问道。

"在没有确保信息真实可靠的情况下进行表达，完全起不到参考的作用。当前新闻行业为了增加内容的趣味性，开始大量使用娱乐性和通俗性语言，这也损害了新闻的'参考'功能。我很清楚这是商业发展上的必然选择，但在价值观层面，我不认同这种做法。

如果一个大众媒介成为一种八卦分享、产品宣传的平台，那其'参考'功能也就无从谈起了。"帕克导师略显失落地总结道。

第二节 传播是社会的中心

"'社会不仅是由于传递、传播而得以存在，而且还应该说是在传递、传播之中存在着。'前面这段话出自我的老师杜威先生，我很认同他的观点。在我看来，社会传统的传承也需要依靠传播，而传播的功能正是在时间和空间两个维度上保持社会群体的一致和完整。"帕克导师无缝衔接了上一节课的内容。

"传播活动与人类生存发展密切相关，人类所有的社会活动都建立在传播之上。"帕克导师一再强调自己的传播理论（如图9-2所示）。

图9-2 传播是社会的中心

马鹏伟对这种表述绝对的结论总是存在疑问，他认为帕克导师提到的"传播是社会中心"这个理论是过于武断的，但思来想去却找不到哪个案例可以推翻这一论断。

"传播对社会发展具有重要推动作用这是毋庸置疑的，但您所说的'传播是社会的中心'这一论断是不是过于片面了呢？社会不是一个复杂的系统吗？"显然，卢方娜与马鹏伟的疑问是相同的。

"社会确实是一个复杂的系统，它是一个由各种形式或过程构成的复合体，其中的每一个体都是在与别人的'互动'中存在和成长起来的。整个社会联系得非常紧密，其中一部分发生的事情，也会影响到其他所有部分。你们觉得这里的'互动'主要是指什么呢？"在解释了社会的复杂性后，帕克导师问道。

"是相互间的交流吗？"从语气中可以听出，卢方娜对自己的回答并没有多少信心。

"对抗也应该算是一种'互动'。"林凯补充道。

"'互动'的形式有很多种，我曾研究了竞争、冲突、调试和同化这四种人类互动的基本类型，发现它们既有相对的独立性，又可以同时存在于社会之中，彼此间还有演进的关系。（如图9-3所示）

"在一个社会系统中，如果资源有限，那系统中的各个单元就会为了获得稀少资源进行斗争，这是社会

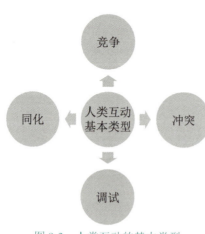

图9-3　人类互动的基本类型

相互作用的最低级阶段，是一种没有接触的相互作用；存在竞争性的双方会有意识地确认目标，彼此存在联系的各单元之间则会因为资源争夺而产生各种各样的冲突；在冲突停止之后，权力和地位重新分配，虽然冲突仍然存在，但不再以公开形式出现，新的社会结构由此确立；在新的社会结构中，个人和团队彼此分享经验，文化要素的交流与共享导致一种共同文化的产生。在上面的四种人类互动类型中，大家发现有哪些共同的内容吗？"帕克导师问道。

"我只看到了演进过程，没看到相同的地方。"马鹏伟回答道。

"这些'互动'之间确实存在演进关系，这一点我在前面已经提到了，这不是重点。"帕克导师强调道。

"这些人类的基本互动类型都与传播有着一定的关系。"李文文的回答似乎切中了要点。

"没错，这位同学分析得很到位。这些人类基本互动类型的共同特点就是它们都是通过传播来实现的，正是传播让处于离散状态的人类结成群体、社区，让这个世界变得越来越统一。"帕克导师强调道。

"那如果没有传播，人类会处于怎样一种状态之中呢？"帕克导师问道。

"每个人是孤立的个体，即使两个人相向而立，一个人相对于另一个人就如空气一样。"李文文说道。

"那社会也就不存在了。"马鹏伟说道。

"如果没有传播存在，人就只能处在一种'生理的和本能的'生存状态，也就是自己生存的同时，也成为别人生存的环境。在这样的环境中，竞争就成了互动的唯一手段。

"竞争是一种个人化的法则，而传播则是社会化的法则。虽然在一定程度上传播能够加剧竞争，但从更为长远的视角来看，传播将会不断修正竞争，并让社会关系更为人性化，由此道德的秩序便会形成。"帕克导师解释道。

"当前世界的全球化进程是否就是传播起到了深层次的作用呢？"卢方娜问道。

"全球化是一个复杂的概念，在整个过程中，很多因素都在发生作用。但不可否认的是，传播确实在其中发挥了作用，而且很明显——短期的传播造成了竞争的出现，深刻而长远的传播将会带来共同的文化。"帕克导师解释道。

"在本节课中，我希望大家记住的只有一点，那就是传播在社会中的角色——它是社会的中心，作为这样一种整体的传播，它使社会走向联合、一致与稳定。"帕克导师总结道。

第三节　"边缘人"与移民同化问题

"在职业生涯的后半期，我进行了一系列调查研究，这些研究让我对社会产生了更为深刻的认识。在研究移民问题的时候，我发现了一些很有价值的内容。

"当时，在我工作的城市芝加哥，大量移民导致了社会'边缘人'的出现，如何让这些移民尽快融入美国社会，如何减少移民社区的社会问题，成为我关注的焦点和工作的重心。"帕克导师介绍道。

"什么是社会'边缘人'？这个概念与现在的城市流浪者有什么关联吗？"卢方娜问道。

"是不是没有当地户口就算是城市'边缘人'了？"马鹏伟也应和道。

"'边缘人'这个概念是我在一篇文章中提出的，在讲解这个概念之前，我觉得有必要为大家介绍一下齐美尔老师的'陌生人'概念，我在构思'边缘人'这个概念时，就是受到了他的影响。"帕克导师说道。

"齐美尔老师在论述'陌生人'这个概念时，曾指出这个'陌生人'不是此前常常接触的'外来人'，也就是说不是指那些今天来了明天又走了的流浪者。他所说的'陌生人'是指今天来了，明天会留下来的漫游者，也可以称他们是'潜在的流浪者'。"帕克导师解释道。

"那城市的流浪者就是'陌生人'吧！"马鹏伟抢答道。

"那要看他们是去是留，是在这里留下来，还是从这里匆匆路过。这些'陌生人'与本地人最主要的不同在于他们具有空间流动性，虽然身处本地人群之中，但却并不属于本地人群。"帕克导师指出。

"我觉得这个'陌生人'用来形容现在去大城市闯荡的人要更贴切一些。"李文文淡定地说道。

"关于这一点，齐美尔老师曾经做过一个形象的比喻，他认为天狼星的居民对我们来说并非真正陌生，因为他们根本不是为了我们地球人而存在的，所以他们处于远与近之外，没有远近之分，也就无所谓远近。"帕克导师说道。

"这样比喻起来感觉更抽象，更不容易理解了。"李文文指出。

"我认为你提到'城市漂客'很准确，但大家要记住'陌生人'这个概念既是一个社会事实概念，同时也是一种心理事实概念，而我所说的'边缘人'概念，则是一种新的人格类型。"帕克导师强调道。

"'边缘人'是文化混血儿,他们生活在两种不同的人群中,并亲密地分享彼此的文化生活和传统。他们不愿和过去以及传统决裂,但由于种族的偏见,又不被他所融入的新的社会完全接受,他们站在两种文化、两种社会的边缘,而这两种文化从未完全互相渗入或紧密交融。"帕克导师指出(如图9-4所示)。

图9-4 "陌生人"与"边缘人"

"这种'边缘人'不是左右不讨好吗？"马鹏伟说道。

"这种边缘性确实是一种负担，但它同时也是一种财富。相对于'边缘人'的文化背景，他们会成为眼界更加开阔、头脑更加聪明，具有更加公正和更有理性观点的个人。相对来说，他们应该是更为文明的人类。

"在'边缘人'的思想中，由新文化的接触而产生的道德混乱以最显著的形式表现出来。也正是在'边缘人'的内心——那里正在发生文化的变迁和融合——我们可以借此来更好地研究文明和进步的过程。"帕克导师强调道。

"这种'边缘人'只是存在于移民群体之中吗？"林凯问道。

"留学生里面也有啊。"在帕克导师回答之前，马鹏伟抢先答道。

"感觉那些外交家或出国经商的人中，也会出现'边缘人'，接触到两种文化的人都有可能成为'边缘人'吧。"卢方娜说道。

"如果仔细思考，你们这个时代，在很多群体中都存在着'边缘人'。"帕克导师说道。

"我之所以投身'边缘人'问题研究，主要是从当时美国社会发展的现实需要出发的。当时来美国的大量移民多为农民，他们习惯了那种慢节奏的平静生活，来到美国这个人际关系疏远、缺少传统、人口流动快的城市后，只得抛弃自己原有的习惯。在那个年代，这些人都是美国土地上的'陌生人'，他们也只能生活在自己的圈子里。"帕克导师指出。

"如何能够让这些移民更好地融入美国文化圈中，是我研究的重点。在我看来，移民报刊宣传是一种较为不错的选择，报刊对移民文化传承和社会融入将会产生重大影响，美国新闻业要想办法将移民及其后代变成当地报刊读者。

"报刊传播一方面有助于文化的散播,扩大文化的影响范围,另一方面则可以促进新观点更好地被更多人理解。传播的社会功能看起来即是促成并维持个人与社会之间的理解与文化团结,显然移民对报刊传播的这种功能是更为需要的。"帕克导师说道。

"您的意思是用传播工具来培养移民的忠诚吗?"李文文问道。

"我觉得更多的是营造公共舆论,不能剥夺移民原有的文化习惯,但同时也要让他们接受当地的文化习惯,否则这些人依然会成为'边缘人',这对一个社会的发展是没有益处的。"帕克导师强调道。

"而对于你们来说,面对你们身边的'边缘人',你是希望将他拉得与自己更近一些,还是让他仍然停留在边缘,或是将他推到另一边呢?我觉得大家在做一些决定或采取一些行动之前,可以仔细考虑一下这个问题。"在课程最后,帕克导师语重心长地说道。

第十章
丹尼斯·麦奎尔导师讲"受众分析"

在本章中,丹尼斯·麦奎尔导师为同学们讲述了"受众分析"的相关内容。围绕受众,麦奎尔导师讲到了很多有趣的问题,比如:什么样的受众才是好受众?给好评为什么要返现?媒体和受众,哪一方更无力?同学们在倾听麦奎尔导师解释这些问题的同时,也对受众分析产生了更清晰的认识。

丹尼斯·麦奎尔

(Denis McQuail,1935年4月12日—2017年6月25日),英国著名传播学家,荷兰阿姆斯特丹大学传播学终身教授,欧洲传媒研究小组成员,毕业于牛津大学,曾先后在美国宾夕法尼亚大学、哥伦比亚大学、哈佛大学等担任教授或客座教授。

麦奎尔在传播学领域最大的学术贡献是传播模式和受众研究,对定量研究和定性研究持兼容并包态度的他在传播学领域拥有漫长而辉煌的研究经历。其所出版的十多部著作涉及传播学研究的诸多领域,其中的《大众传播模式论》《受众分析》和《大众传播理论》还被翻译成中文,成为中国传播学研究的经典文献。

第一节　受众都有谁

对于大多数同学来说,上一周的课程有些像"嚼不烂的柴鸡肉",理解起来并不容易。但这丝毫没有影响到同学们的学习热情,新的一周传播学课堂又是人满为患。

"很高兴大家来听我的课。"满头白发,眼镜下滑到鼻梁上,两颊胖嘟嘟的麦奎尔导师说道。

"在本周的课程中,我就来与大家讲一讲你们的故事。"在说到"你们"这个词时,麦奎尔导师特意加重了语气。

虽然只说了两句话,但足以吊起同学们的胃口。"我们的故事?难道这个老头要对我们进行心理分析?"马鹏伟心中的疑问已经如涟漪般扩散。

"我们有什么故事好讲呢?"卢方娜问道。

"你们的身份就是我要分析的内容。"麦奎尔导师解释道。

"我们的身份?"卢方娜看上去更加疑惑了。

"没错,我们本周要讲的主要内容就是当前你们的一种身份——受众。在第一节课中,我们先来了解一下'受众'这个概念。"麦奎尔导师介绍道。

"从大众传播研究者们最初提出传播过程的单线模式之初,'受众'这个词就被认为接受者而被大家所熟知。但在这里,'受众'这个词被简单认为是一个或另一个媒介渠道,这一类或那一类媒介内容,表演的读者、听众或观众,我觉得不够全面。"麦奎尔导师指出。

"那除了这些受众,还有哪些受众呢?"卢方娜再次问道。

"对于大众传媒来说,受众很多时候是看不见也摸不到的。它是一个抽象的概念,其所指代的现实事物,通常也是多种多样、不断变化的。"麦奎尔导师解释道。

"我们要怎么理解受众是多种多样、不断变化的这一问题呢?"齐悦问道。

"比如说,'受众'这个词既可以用来指18世纪初的小说读者,也可以用来指20世纪末的电视观众,当然还可以用来指现在21世纪看广告的你们。"麦奎尔导师举例说道。

"我认为,'受众'既是社会环境的产物,也是特定媒介供应模式的产物。最早的受众是那些在古希腊、古罗马时代,观看表演和竞技的人们;伴随着印刷技术的发展,阅读公众开始出现;而当广播电视出现后,传播的影响开始大为扩展,共时分享的受众也变得越来越多。"麦奎尔导师继续说道。

"在这里我想让大家思考一下,坐在电影院中看电影的你们与在古希腊、古罗马观看类似演出的受众有哪些相同和不同之处?"麦奎尔导师问道。

"都是一群人在看一群人。"马鹏伟说道。

"你的回答虽然简略,但确实是正确的。"麦奎尔导师肯定道。

"我们应该都是出于个人意愿去观看的。"李依琳说道。

"这一回答也没问题,有没有发现有不同之处的同学?"麦奎尔导师继续问道。

"他们看的是直播表演,我们看的是录像播放。"马鹏伟回答道。

"这一点也没错。此外,他们能够通过呐喊和咒骂及时进行反馈，而你们只能事后去。"麦奎尔导师指出。

"在划分受众类别时，有的传播学者按照受众的规模将受众分为三个层次：第一个层次是指特定国家或地区能够接触到传媒信息的总人口；第二个层次是对特定传媒或特定信息内容保持定期接触的人；第三个层次则是不但接触了媒介的内容，并且在态度或行动上也接受了媒介影响的人。

"第一个层次的受众规模最大，第二个层次次之，第三个层次最小。"麦奎尔导师说道。

"如果以电视这个媒介来说，第一个层次的受众就是所有能看到电视的受众；第二个层次就是经常且稳定收看电视的受众；而第三个层次的受众则是能看到电视，并且深受其影响的人。可以这样理解这三个层次的受众吗？"李文文问道。

"可以，完全可以，你分析得很好。如果想要追求最大限度的传播效果，那找准第三个层次的受众无疑是非常必要的。"麦奎尔导师说道。

"对于我来说，你们就是我的受众，所有课堂中的同学们都是第一层次中的受众，现在我想要让我讲的内容被更多同学接受，我就需要找到课堂中第三层次中的受众，然后用他们喜欢的方法去讲课，这样一来，我的传播效果就会明显提高。

"在这个过程中，我需要做的就是受众研究。所有的受众研究都具有一些基本相同的特征，这有助于人们去构建、定位和确定'受众'这种无定形的、不可知的社会存在。"麦奎尔导师强调道（如图10-1所示）。

"那么具体来说，受众研究到底为了做什么呢？"卢方娜问道。

图 10-1　三种不同层次的受众

"在我看来，如果不去谈理论构建的目的，单从受众分析的目的来谈，我觉得受众研究的目的可以分为以下几种类型：说明销售情况；为实现广告目的而测量实际与潜在受众到达率；操纵和引导受众的选择行为；在受众市场寻觅机会；检验产品和提高传播的有效性；为受众服务；评估媒介绩效。

"不同的大众媒介从业者进行受众分析的目的也会有所不同"对于广告行业从业者来说，通过受众分析了解受众信息，然后投其所好完成广告传播，这是他们的目的；而对于新闻行业从业者来说，通过受众分析了解受众需求，站在受众身边，反映受众心声，这应该是他们的目的。"麦奎尔导师说道。

"新闻不是也要追求收视率的吗？"林凯问道。

"关于你这个问题，我不知道该如何回答，新闻究竟该追求什么？这个问题还需要你们慢慢去探寻。"麦奎尔导师平静地说道。

第二节　积极主动的才是好受众

"上一节课，我们介绍了受众的一些基本概念。在开始新的课程内容之前，我有一个问题想要问一问大家。"麦奎尔导师说道，"当大家要劝服一个顽固的人时，如果他不听，大家要怎么去做？"

麦奎尔导师的问题似乎和"传播与说服"课程有一定的关系，但为什么劝说的一定要是一个顽固的人呢，这让在场的同学们大为不解。

"如果一种方法劝说不行，那就从别的角度换另一种方法。"卢方娜回答道。

"如果另一个角度也不行呢？"麦奎尔导师继续问道。

"那就再换一个角度。"卢方娜继续答道。

"角度换了360°都不行呢？"麦奎尔导师找茬式地问道。

"那就不劝了！怎么劝都不听，为什么还要劝他。"马鹏伟抢着答道。

"好，很好，'不劝了'确实是一种选择。但如果你是一个卖衣服的商人，对方是一位挑选衣服的顾客，如果不劝了，赚钱的机会不就跑了吗？"麦奎尔导师继续假设道。

"那如果他就是不买，我也不能跪着求他买啊。难道他走了，我还拽着他的裤腿哭喊着'大哥！大爷！别走，买吧！'不让他走吗?"马鹏伟描述得惟妙惟肖,逗得在场的同学们哈哈大笑,麦奎尔导师也控制不住笑得前仰后合。

"哈哈哈哈,这位同学真是幽默,我看你还是别劝了,你要这样劝的话,人家说不准真要看在你可怜的份上,买你几件衣服。"麦奎尔导师的话再度引得同学们爆笑。

"那这个人到底还劝不劝呢?"卢方娜笑着问道。

"不劝了,不劝了。在有限效果理论中,这类人被称作'顽固的受众'。其主要是指那些并不总是有选择地注意,但常常有选择地去认知,并且对不需要的信息加以抵制的人。"麦奎尔导师指出。

"您的意思是说,那些无论我们怎么介绍,都不买我们的商品的人,就是'顽固的受众'吗?"卢方娜问道。

"可以这么理解。"麦奎尔导师回应道。

"这与拉扎斯菲尔德导师在伊里调查中发现的结论是一样的吗?大众媒介没办法随心所欲地操纵和支配受众。"李文文问道。

"这种观点确实存在,但本节课我们想要讲述的内容主要是关于受众主动性和选择性的问题。传播学者对受众选择性的研究,主要是出于对大众媒介效果的恐惧。大家应该已经学过'魔弹理论'的内容了,如果这一传播理论在生活中成为现实,大家想过会发生什么事吗?"麦奎尔导师问道。

"如果传播媒介能够随时随地影响受众的观点和态度,那受众就跟木偶没什么两样了。"齐悦说道。

"如果这样的话,那只要将大众媒介掌握在手中,就能控制所有人的思想,这要比什么权力都好用得多。"马鹏伟说道。

"如果这一理论成真的话,那受众就太被动了。"卢方娜说道。

"确实,如果这种理论成真,那受众就会处于被动状态,无法去做出选择,并失去主观能动性。"麦奎尔导师说道。

"事实上,理论界早已明确了一种范式,将受众的被动性认为是一种危害,而将受众主动去使用媒介认为是一件好事。但究竟大众媒介受众的主动性有多少,这种主动性又意味着什么,这类问题始终没有得到解决。"麦奎尔导师说道。

"如果受众都有较多的主动性,那想要利用大众媒介去教育受众不是行不通了吗?"卢方娜问道。

"我不确定你说的这个'教育'具体是指什么,在我看来,如果受众有太多的主动性,就会为那些想要通过节目来操纵,或利用惯有特质和媒介使用惰性等方式控制受众的人带来不小的麻烦。关于受众主动性的不同意义和概念,传播学家 Biocca 曾提到了五种不同的版本。"麦奎尔导师说道(如图 10-2 所示)。

图 10-2　受众主动性的不同意义

"第一种版本是'选择性',这种观点认为传播媒介和传播内容中所能运用的选择和类型越多,那就越可以说受众是主动的。

"第二种版本是'实用主义',受众在这里是'自利式消费者的化身',媒介消费多少意味着某些有意识的需求满足。

"第三种版本是'意图性',这种观点认为一个主动的受众,必须涉入资讯和经验获取的积极认知过程。

"第四种版本是'抗拒影响',这种观点强调受众对于非意愿的影响或学习的限制。受众保留了'控制'和不受影响的权利。

"第五种版本是'涉入性',某一受众越是被所使用的媒介吸引,他的涉入程度就越高。其受到的媒介刺激越大,其使用媒介的动力也就越强。"

麦奎尔导师一连介绍了五种不同版本的"受众主动性"内容,但这些版本对这一概念的描述似乎并不清晰。

"到底哪种版本的论述更有道理呢?"林凯问道。

"这些对'受众'主动性概念的表述,并不都是一一对应于人们接触媒介顺序中的各个时间点。而且这些表述中,可能还忽略了受众主动使用媒介的一些其他方面内容。"麦奎尔导师解释道。

"是说受众对媒介的反馈部分吗?"李文文似乎并不确定自己的答案,但她依然说了出来。

"没错!一些受众会通过信件和电话的方式直接向媒介做出反馈,对你们而言就是发发评论或弹幕什么的,这些难道没有反映受众的主动性吗?很显然,这些都是说明受众主动性的例子。"麦奎尔导师举例说道。

"那我们究竟该如何理解'受众主动性'这个概念,又该如何理解您在标题中说的'积极主动的才是好受众'这个观点呢?"卢方娜问道。

"关于'受众主动性'这个概念,我认为这并不是一个让人满意的概念。正如上面几种版本的解释,各项内容彼此交叉且意义模糊,对不同的媒介又意味着不同的事物。如果按照定义来说,受众几乎不可能是主动的。

"作为一般概念,其还存在些许不足,但在一些理论研究和实践中,'受众主动性'却得到了一些有说服力的证据的支持。

当然，在现在看来，'受众主动性'似乎已经得到了更为广泛的认知。

"至于你说的'积极主动的才是好受众'，这并不是我的理论，是安排课程的人自己拟定的标题，可能是为了吸引受众吧。在我看来，对于广告主来说，那些积极主动去接受广告宣传的受众，自然是算得上好受众的。"麦奎尔导师解释道。

第三节　好评为什么要返现

"在前面的内容中，我们介绍了受众的概念，并提到受众的形成常常基于个体需求、兴趣和品位的相似性。关于个体需求，大家觉得主要包括哪些方面的内容？"刚一开讲，麦奎尔导师就抛给同学们一个问题。

"学习更多的知识应该是一种需求。"林凯率先回答道。

"放松、休闲、玩。"马鹏伟回答道。

"很好，很好。根据这两位同学提供的这些粗略动机，我们通常可以对各种媒介和媒介内容的受众进行分类。同时还可以用来研究大众媒介的具体功用。"麦奎尔导师说道。

"您这次的课程也是'标题党'吗？"卢方娜一脸认真地问道。

"'标题党'？你这个帽子扣得可有点大了。这节课的标题正是我现在要提出的问题，在座的各位你们知道为什么好评会有返现吗？"麦奎尔导师问道。

"商家为了用好评积累口碑，吸引更多的人购买产品。"卢方娜直截了当地回答。

"从传播学的角度来看呢?"麦奎尔导师继续问道。

"传播学?受众反馈吗?"卢方娜并不确信自己的答案。

"这里的好评应该与电视收视率或好评度一样,之所以要对给好评的受众返现,目的就是获得更高的好评度。大多数选择在购物平台上购物的人最主要的个体需求就是买到物美价廉的商品,他们会将好评度看作自己做决定的参考。所以好评返现应该是一种注重受众反馈、迎合受众需求的举动。"李文文给出了教科书一般的回答。

"回答得很好,甚至把我在这个问题上要说的内容都说了,好评返现的意义就在于此。上面你提到了电视的收视率和好评度,那我就顺着这个思路来为大家讲一讲'使用与满足研究'。"麦奎尔导师说道。

"这一类研究最早开始于20世纪40年代,主要研究各种广播节目具有广泛吸引力的原因,其中尤其对'肥皂剧'和知识竞赛类节目,以及阅读报纸的情况进行了分析。对于'肥皂剧'大家有什么看法吗?"麦奎尔导师问道。

"内容比较浅,而且多是家长里短,没什么意义,消磨消磨时间还是可以的。"马鹏伟说道。

"有的剧还是挺感人的,可以从其中看到生活中的喜怒哀乐。"卢方娜说道。

"如第一位同学所说,对于大多数人来说,'肥皂剧'确实没什么吸引力,但对于一些观众,尤其是妇女来说,其还是很有意义的。"麦奎尔导师说道。

"到了20世纪六七十年代,'使用与满足研究'进入新的阶段。一些传播学者将受众选择媒介的过程描述为:产生需求的社会和心理起源;产生需求;因需求而产生期望;对大众媒介或其他信息源的期望，导致不同媒介暴露，进而需求得到满足或其他结果发生。"麦奎尔导师解释道。

"这一理论是说受众是有着特定需求的个人，而他们接触媒介的活动，是为了满足自身特定需求的过程，对吗？"李文文问道。

"没错，确实如此。"麦奎尔导师答道。

"这种媒介需求是怎样产生的呢？"李文文继续问道。

"人们接触媒介的目的是满足自身的特定需求，这些特定需求具有一定的社会和心理起源，你可以从消遣、人际关系、个人认同和监视这几方面去认识它们。

在产生特定需求后，人们想要与媒介发生实际接触还需要满足两个条件：一是媒介接触的可能性，也就是说人们身边一定要有媒介；二是身边的媒介是否能够满足自己特定需求的评价。"麦奎尔导师解释道。

"人们要如何判断身边的媒介能否满足自己的特定需求呢？"李文文追问道。

"评价的标准往往来自于人们此前的媒介接触经验，人们会根据自身对媒介的印象去选择特定的媒介或具体的内容，媒介接触由此开始，而媒介接触结果有两种。"麦奎尔导师说道。

"特定需求得到了满足和特定需求没有得到满足。"李文文抢答道。

"没错。媒介接触的结果会影响人们以后的媒介选择和媒介印象。如果特定需求通过媒介接触得到满足，那人们就会强化对媒介的正向印象；而如果特定需求没有通过媒介接触得到满足，那人们便会修正对媒介的印象，从而在不同程度上改变对媒介的期待。"麦奎尔导师解释道（如图10-3所示）。

图 10-3　大众特定需求的满足

"商家的这种通过返现方式获取好评的方法，是否就是为了提高受众的媒介期待和媒介印象呢？"林凯问道。

"当然，我要讲的就是这个。"麦奎尔导师以为同学们早就理解了这一点，所以对于林凯的提问感到有些诧异。

"这不就说明受众具有主动性了嘛！"马鹏伟大声说道。

"没错，这一理论确实指出了受众的一些主动性，但仔细来看，这种主动性其实是受到限制的。在这一过程中，受众的主动性仅限于对媒介提供的内容进行有选择的接触，而不能看出受众作为传播主体的主动性。"麦奎尔导师指出。

"在我看来，这一理论虽然在传播学中算得上是一种'万能理论'，但它有些过分强调个人和心理因素，导致行为主义与功能主义色彩过于强烈。而且，脱离媒介内容的生产和传播过程，单纯去谈受众的媒介接触行为，得出的结论也可能是片面的。"麦奎尔导师强调。

"为什么说这一理论是'万能理论'呢？"卢方娜问道。

"呃，这一点要怎么说呢，在描述传播现象时，用这个理论解释基本上都可以得分。"麦奎尔导师笑着说道。

"最后我有一个问题要大家思考。假设现在我有一个'想看一部喜剧'的特定需求,回到家,打开电视后,找了很多节目都没有喜欢的喜剧,找着找着我就在沙发上睡着了,那从'使用与满足'理论的角度来说,我'满足'了吗?"麦奎尔导师留下了一个逻辑问题,但他没有给出回答,也没有让同学来回答。

第四节　受众更有力还是媒介更无力

"今天的课程我想要用辩论赛的形式开展,辩论的题目是'在新媒体时代,是受众更有力量,还是媒介更有力量',大家可以自选观点答辩。我在大家阐述完自己的论据后,会随机进行点评或补充。现在大家有五分钟时间来选择观点,并思考自己该如何论述。"

麦奎尔导师似乎想进行一个创新式教学,但究竟具体效果如何,可能连他自己也不清楚。而且关于今天这个辩题,是否值得辩论,也存在一定的争议。这一点从后面的辩论环节看得可能会更为清楚。

"好,时间到。现在,请支持受众更有力量的同学发言。"麦奎尔导师号召道。

经历了短暂的安静后,齐悦率先站了起来,说道:"我认为在新媒体时代,受众要更有力量,现在好多的电影电视剧都会找受众喜欢的明星去演,明星粉丝越多,明星身价也就越高,这都是粉丝的功劳。"

"观点算是清晰,但后面再说可能要跑题了。"麦奎尔导师点评道。

"现在,请支持媒介更有力量的同学发言。"麦奎尔导师继续号召道。

"我认为当今时代应该是媒介更有力量,不说那些官方主流媒体,单是一些娱乐媒体的消息,就能对受众造成不小的影响。所以从这个角度来讲,媒介依然在传播中处于支配地位。"李文文说道。

"你提到的媒介对受众的影响确实存在,但媒介处于支配地位这一结论是怎么得来的?有什么具体依据吗?"麦奎尔导师继续点评道。

"老师,你这么问我们还怎么辩论啊,最后都成了跟你辩论了。"马鹏伟起身说道。

"哦,是这样啊,那好吧,那我不中立了,我就暂且加入支持受众的队伍吧。"麦奎尔导师说完后,课堂中爆发出此起彼伏的掌声,看样子支持受众一方的确实占多数。

"那接下来该支持受众的同学发言了。"麦奎尔导师继续主持。

"当前受众的分化已经非常明显,对于那些大众媒介来说,想要继续抓住大批受众,并对他们施加影响,已经成为很困难的事情。想要确保与此前时代同样的影响力,大众媒介只能缩小受众范围去影响目标受众。但由于现在的媒介渠道太多了,所以想要吸引目标受众的目光也是非常困难的。"卢方娜给出了行云流水般的陈述。

"我支持你的观点。"麦奎尔导师笑着说道。

"你所说的是媒介影响的受众规模变小了,但这与媒介对人们的影响程度又有什么关系呢？"林凯站起来反击卢方娜的观点。

麦奎尔导师想要进行点评，却被卢方娜抢先一步："我所说的这些，正是指向'媒介影响受众的可能性降低'这一问题。当前时代的受众并不会花费太多时间太多热情与媒介建立联系。实际上，联系媒介和受众的纽带已经不复存在，这就意味着媒介对受众信念和信仰的影响力更低了。"（如图 10-4 所示）

媒介更有力	受众更有力
・媒介影响 ・媒介依赖	・粉丝效应 ・受众分化 ・受众需求

图 10-4　媒介更有力还是受众更有力

"说得好！"麦奎尔导师依然笑着说道。

"那为什么电视上传来地震、海啸的消息，很多人看了之后都去屯吃的呢？"林凯反问道。

"电视告诉他们要囤吃的了？"没等卢方娜起身，一个矮胖姑娘站起来问道。

"没有。"林凯答道。

"那废什么话。"矮胖姑娘不屑地说道。

矮胖姑娘的话引得大家哈哈大笑，林凯经此一役后士气大衰，估计在后面不会再听到他的回答了。

"客气些，客气些，论述要有理有据有节。"麦奎尔导师虽然说得一本正经，但自己却也跟着哈哈大笑。

"那要怎么解释媒介依赖呢？微博上每天都有上亿人刷刷刷，微信更是有过之而无不及，还有其他的媒介，如果这些媒介没有力量,又怎能将受众牢牢抓在自己手中呢?"马鹏伟抛出了一颗重型炸弹,瞬间将一边倒的局面扭转过来。

"这个论述也很好。"麦奎尔导师继续笑着点评。

"上一节课你没听讲吗?这种情况是因为'使用与满足'啊,受众有特定需求,找到了这些媒介来满足自己的需求,这是受众在发挥能动性啊。"卢方娜盯着马鹏伟回应道。

"你是听得太认真了吧,不知道怎么回答了就用这种'万能理论'来应对吗?"马鹏伟针锋相对地说。

"受众刷微博不是为了满足需求是为了什么?这就跟你玩手机游戏是为了满足需求一样。难道你是为了充钱吗?"卢方娜显然有些着急了,但言语间的逻辑还是颇为清晰的。

马鹏伟被卢方娜的回应"噎住了",一时不知道如何应答。看样子,在后面的论述中,可能也听不到他的发言了。

"我觉得这个问题应该分开来谈。在当今时代,一些传统媒介对受众的控制力是减弱了,比如电视、报纸,现在的受众确实少了很多。但对于那些新兴媒介,比如上面说的微博、微信,现在对受众的影响依然很大。如果单谈这个时代,那就应该谈谈这个时代的媒介,而不能从整体上谈。"李文文积蓄已久,终于找到了发言的机会。

"大家说得都很不错,下面就由我来进行总结吧。"笑了整场的麦奎尔导师终于在最后时刻打算进行总结发言了。

"这个问题我们还是要从整体上来说的。当前受众分化和分散确实在一定程度上表现出媒介控制丧失的困境,对于大多数媒介来说,这应该是让它们颇为头疼的事情。显然,在当今时代,受众从控制和监测机构的监控下'逃逸'了,从这一点看,受众确实在抵抗媒介力量方面向前迈进了一步。

"但不可否认的是,媒介始终在寻找掌握受众的方法,不同的时代会出现不同的方法。这便导致了受众的分化和分散始终保持在有限范围内,但到最后究竟是受众更有力,媒介变得越来越无力,还是媒介依然强大而有力,只能由你们来见证了。"说完,麦奎尔导师结束了自己的课程。

第十一章
加布里埃尔·塔尔德导师讲"公众、群众、舆论"

在本章中,加布里埃尔·塔尔德导师主要讲述了公众、群众、舆论等内容。针对群众、公众、舆论、信念等问题,塔尔德导师给出了一些颇具代表性的观点。在此之外,塔尔德导师还对现代的"IP剧""精英"等话题,展开了精彩论述。

加布里埃尔·塔尔德

(Gabriel Tarde,1843年3月12日—1904年5月13日),法国社会学三大创始人之一,西方社会著名的心理学家、统计学家和犯罪学家,其学术研究领域横跨社会学、心理学、统计学、犯罪学和传播学。幼年时期的塔尔德在教会学校学习哲学和古典文学,在那里他学会了重视理性思考,认识到社会等级观念的存在,为其此后的学术生涯奠定了坚实基础。

除了在社会学领域建树颇多外,塔尔德关于群众、公众、舆论、模仿、信念等问题的论述也颇有见地。其所提出的很多观念和思想对后世学者产生了深远影响,即使到现在,他的一些观念和思想仍然是传播学领域关注的焦点内容。

塔尔德的主要著作有《社会规律》《舆论与群众》《模仿律》等。

第一节　公众是一群精神联结的个体

"在传播学中，'群众'和'公众'的概念是经常被提及的。对于这两个概念，在开讲之前，我想先听听大家的理解。"塔尔德导师说道。

"群众的范围应该要比公众广泛一些。"卢方娜回答道。

"广泛在哪里呢？"塔尔德导师追问道。

"在某一个范围内的人都可以称为群众，但这一范围的人却不一定都是公众。"卢方娜继续答道。

"应该是公众的范围更大一些吧，一些特定范围的公众是群众，而超出这个范围就不再是群众，而只是公众了。"李文文回答道。

面对针锋相对的两个答案，塔尔德导师感觉到如果再让同学们继续回答下去，可能会出现无法收拾的场面。为此，他迅速结束提问，开始自己掌控课堂节奏。

"在日常生活中，'群众'这个词常常被一些人用来表示各种人的集合。这种使用方法容易造成一些混乱，而且很多时候也会出现群众与公众混为一谈的情况。鉴于这一点，我打算在本节对'公众'这个词进行准确的界定。"塔尔德导师说道。

"一般人们说的公众有剧院里面的公众，也有集会场所的公众，我们可以将这两种场合中的公众看作群众。"塔尔德导师介绍道。

"是因为他们聚集在一起了吗?"马鹏伟问道。

"我认为他们基本是靠实在的接触而产生的多种心理联系的集合。但公众显然不是这样的。"塔尔德导师解释道。

"您的意思是公众并不存在实在的接触吗?"卢方娜问道。

"我认为公众应该是纯粹精神上的集体,由分散的个体组成,他们没有身体上的接触,他们之间的组合完全是精神关系上的组合。公众既是群众的外延,同时也是其对立面。"塔尔德导师继续说道。

"这种纯粹精神上的集体,难道不是靠基本的身体接触产生的吗?没有接触又怎么能产生联系呢?"卢方娜不解地问道。

"这一点有那么难理解吗?我来举个例子,现在你坐在座位上,我站在讲台上,我们之间并没有身体接触,而我正在滔滔不绝地为大家讲课,你听着我的课,心里想着这位老师讲的理论太对了,简直跟我想的一模一样。这样来看,我们并没有产生身体上的接触,但我们在精神上不是形成组合了吗?

"如果在下课后,听了这节课的同学们都去外面说'塔尔德老师的课真是太精彩了,他讲的内容简直与我的观点不谋而合',这样那些没有听课,甚至都没有看到过我的人,是不是也会与我产生精神上、心理上的联系呢?

"事实上,在第二种情境中,舆论潮流的形成使得公众组合的条件越来越不再依靠身体的邻近。正如现在你们使用互联网了解外界信息一样,你们看到的只是网络上没有温度的文字,但它却可以激起你们内心火热的情绪波动。这时的你们并没有与对方产生身体接触,但在心理上却已经联系在了一起。"

塔尔德导师一边举例,一边论述,时而幽默,时而严肃,他轻松地让同学们在欢声笑语中接受了自己的观点。

"那公众是如何产生的呢？它是与人类的语言文字相伴而来的吗？"李文文问道。

"关于公众的产生，我认为它开始于16世纪印刷术获得第一次大发展之后。而到了路易十四统治时期，公众才有了明确的形态。但那一时期真正的公众很难超出小规模的精英范畴，他们会浏览自己办的月报，阅读为少数读者阅读的少量书籍。

"到了18世纪，上述公众开始迅速增加，同时也产生了些许分化。而当新闻业正式出现之后，真正的公众才正式来临。"塔尔德导师解释道。

"那前面我们说的公众与群众的范围究竟哪个更大？它们之间的区别究竟在哪里呢？"卢方娜似乎仍然执着于上课之初的问题，非要问出结果才行。

"关于'公众'概念与'群众'概念的区别，有一点体现在其延伸性上。在我看来，公众是可以无限延伸的，而群众却没办法超越一个狭小的范围而延伸。

"具体来说，从20世纪开始，由于交通工具的完善和远距离思想的瞬时传输，各种公众获得了无限延伸的可能。而到了21世纪的今天，公众无限延伸的可能无疑已经得到更大的提升。而反观群众这一仅次于家庭的最古老的社会群体，无论它处于什么形态，一旦其领导者对其进行控制，一旦其成员无法再听到彼此的声音，它就会崩溃瓦解，更不要提延伸了。"塔尔德导师解释道。

"如果要说'公众'与'群众'的区别，其实还有很多。比如一个人可以同时属于几个公众，这就像他同时属于几个教派一样，但一个人一次只能归属于一个群众。由此可以看出，群众的不宽容性要更大一些，很多时候，群众都是身不由己地被裹挟在某个范围中,他们是受控制的。"塔尔德导师继续说道。

"您所描述的公众与现在互联网上的社群是不是一个概念呢?"李文文问道。

"社群?我并不太了解这个概念,你只要分析清楚社群的形态及其内涵,应该就能搞清楚它们是否同一概念了。"塔尔德导师解释道。

"那按照您的说法,公众应该是一群存在理性的自由者,而群众很多时候都是不自由的缺少理性的人,是吗?"李文文继续问道。

"我们可以拿看报纸来解释这个问题。一些公众在读报纸时可以思考他读到的东西,虽然这时的他也是被动的,但如果不满意报纸的内容,他可以更换报纸,直到找到自己认为合适的。而有的公众可能更多只读一种报纸,长此以往,这些公众就会变成一个同质化的群体。

"反过来看,群众的同质化程度很多时候不如那些只读一种报纸的公众,因为群众中往往有很多'旁观者',他们可能只是出于好奇或暂时受到感染,才参与到活动中,但想要一直控制他们,让他们朝着一个方向走,却并不现实。"塔尔德导师解释道。

"当然,公众与群众之间虽然有诸多区别,但二者也并非是孤立存在毫无联系的。二者之间存在一定的纽带,它们的纽带在于同步的信念或热情,也在于与许多人共享同样的思想和意愿。"塔尔德导师总结道(如图11-1所示)。

图11-1 公众与群众的相似之处

第二节　舆论是一种评论

"上节课我们着重谈到了'公众'这一概念。那么在这节课中，我们就不得不紧接着来谈谈'舆论'这个概念。

"舆论与现代公众的关系就好像灵魂与肉体一样，如果想要研究其中一个问题，就自然而然地会顺着去研究另一个问题。"塔尔德导师说道。

"舆论不是早就出现了吗？倒是'公众'这个概念的出现历史更短一些。"林凯说道。

"没错，舆论从古至今都有，这一点并没有错，但我觉得你可能是将'舆论'这个词中的两个概念搞混淆了。舆论是各种判断的总和，我们不应该将其与'传统'和'理性'这两种社会思想混淆。"塔尔德导师解释道。

"在我看来，理性是那些精英们相对合理，但又常常不太合理的带有一些个人色彩的判断。而传统则是一些死者观点浓缩和积累而成的精华，这些内容是值得尊重的，但在一些时候，它也会成为一种包袱。"塔尔德导师说道。

"那它们与舆论之间又存在哪些关联呢？"卢方娜问道。

"其实在人们感受到舆论之前，个体的人早就意识到不同的传统，并且已经开始有意识地去解释自己认为高明的判断了。在传统、理性和舆论这三者之中，舆论是最后形成的，但其也是稍后最容易成长的。

"如果要说它们之间的关系,那可能就有些复杂了。我认为它们既斗争又结盟、互相冲突、互相侵犯、互相影响,这些都是它们之间的关系。但在我看来,与舆论相比,传统虽然更受拘束,但它在深刻性和稳定性上是舆论无法匹敌的。很多时候,传统被削弱的时候,舆论就会得到加强,但这并不意味着理性也会随之减弱。当然,我说的是我们那个时代的舆论,你们这个时代可能会有所不同了。"塔尔德导师解释道。

"有什么不同?"卢方娜继续问道。

"在我们那个时代,理性的力量非常强大,它可以抵挡和压制大众舆论。但在你们这个时代,舆论已经变成了无所不能的存在,它不仅能够对抗传统,而且还能对抗理性,至于它对抗的是什么理性,那就要看具体情况了。

"我认为你们应该庆幸,现在的舆论还没有入侵到科学的殿堂之中,但一些法庭和议会已经受到了它的入侵。再也没有比舆论更加可怕的洪水猛兽了,至少到现在,我依然看不到这些洪水要消退的迹象。"塔尔德导师说道。

"您介绍了这么多内容,'舆论'究竟是什么啊?"马鹏伟的思路似乎还停留在舆论的定义阶段,但从上课到现在,塔尔德导师确实还没有明确这一内容。

"前面之所以要说这么多,是为了给舆论界定范围,防止大家在理解其定义时出现偏差。关于舆论的定义,我觉得可以通过一个例子来更好地说明。

"当大家听完我这堂课后,纷纷走出教室,逢人就说塔尔德导师讲得太精彩了,尤其是这节课讲的舆论,那叫一个精彩。上面大家夸我的内容就可以看作一种舆论。"塔尔德导师笑着说道。

"您的意思是舆论其实就是一种评论吗?"李文文问道。

"简单来说确实是这样的。在我看来,舆论是一种评论,是短暂的、或多或少合乎逻辑的成套判断。或者换句话说,对当前的问题做出回应,在同一个时期中被同一个国家或同一个社会里的人多次重复的判断,就可以叫作舆论。"塔尔德导师解释道。

"我有一个问题,在面对同一事件时,往往会存在至少两种不同的舆论。比如上面有的同学说您的课讲得好,但有的同学说您的课讲得不好,这样就出现了两种舆论,我们要怎样看待这个呢?"李文文继续问道(如图 11-2 所示)。

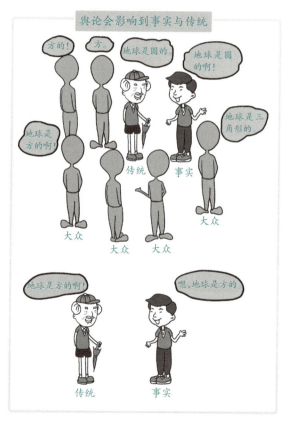

图 11-2 舆论会影响到事实与传统

"每一个问题都会有两种不同的舆论,但这两种舆论中,总会有一种舆论相当快地掩盖掉另一种舆论。为什么它能够掩盖另一种舆论呢?可能是因为它传播得更快,也可能它是正确的,当然也可能支持它的人比较多。我们在这里讨论的是一种高度抽象的舆论。"塔尔德导师解释道。

"在前面您为什么说现代的舆论像洪水猛兽一样呢?"齐悦突然问道。

"洪水猛兽?你这个形容还真是贴切。要解释这个问题,需要从更早的时代说起。在我们那个时代,每一个城市甚至每一个村子都存在不同的意见,因为各城市彼此间联系较为困难,所以很难形成总体的舆论。那时候有的只是数以千计并不关联的意见,但在报纸、书籍出现后,联系方便了,总体舆论也逐渐统一起来。

"到了你们这个时代,互联网在现实世界中搭建起了无形的网,将所有人联系在一起。这时候不同地区的舆论通过网络很容易汇总在一起,从而形成总体的舆论。这种总体舆论的力量是非常强大的,它可以轻易推翻传统,在一些情况下甚至还会威胁到理性的存在,如果连理性都被它击垮,那一切就都乱了。"塔尔德导师解释道。

"如果这种总体的舆论并不以事实为基础,而是歪曲事实得出的结果,那就会危害整个社会。"李文文补充了塔尔德导师没有说到的地方。

"没错,如果下课之后,大家出去全部都说我的课讲得不好,那就会严重影响我的声誉,以后的课程也就没法讲下去了。"说完,塔尔德导师故意做出哭丧着脸的表情,引得大家哄堂大笑。

第三节　IP 剧是如何火起来的

本月第二周马鹏伟的课程被安排在第二节，当他睡眼惺忪地走入课堂时，其他同学早已到位，而且讲台上的幕布正在放映着时下最火的网剧《你的人生我做主》。这一景象让马鹏伟大为吃惊，如果不是看到了卢方娜，他甚至觉得自己走错了教室。

马鹏伟落座后，上课铃声也随之响起，佩戴好设备之后，他发现原来塔尔德导师早就站在讲台上了。

"你们说这些网络剧是怎么火起来的？"塔尔德导师问道。

塔尔德导师的问话并没有得到迅速回复，大家似乎都在思考一个更好的答案。

"跟风呗！有人说好就跟着都说好。"马鹏伟虽然到得最晚，却是第一个回答问题的人。

"我看这部剧已经拍了好几季，总播放量都过 10 亿了，俨然成了 IP 大剧。"塔尔德导师如数家珍地谈起这部剧来。

"我看就是跟风，人家说好就去看，看完也说不出哪里好。还有这个剧名，第一季叫《你的人生爸妈做主》，第二季叫《你的人生没人做主》，现在第三季又叫《你的人生我做主》，我估计下一季就该自己做主了。"马鹏伟似乎对这部剧也颇有研究。

"我觉得也是……"塔尔德导师继续说道。

"老师，您觉得是什么原因让这种 IP 剧越来越火呢？"正当塔尔德导师准备与马鹏伟就这部剧的内容探讨下去时，卢方娜及时掐灭了他们"燃起的火苗"。

在被卢方娜提问后,塔尔德导师也意识到自己该正式进入今天的课题了。他稍微调整了一下姿态,开始讲起课来。

"这正是我们今天要讲到的内容,这位男同学的观点有一定道理,但我认为'跟风'这个词不太好,用'模仿'可能更恰当一些。"塔尔德导师说道。

"模仿?您是说这部剧模仿了什么爆款内容吗?是在情节上,还是在演员搭配上呢?"卢方娜对此大为不解。

"不不不,我说的'模仿'并不是这部剧在模仿什么,而是说看这部剧的人在模仿。"塔尔德导师解释道。

"那不就是跟风吗?"马鹏伟抢着说道。

"不一样,不一样。在我看来,人的一切行为都可以被认为是模仿。一个头脑对隔着一段距离的另一个头脑的作用,一个大脑上的表象在另一个感光灵敏的大脑皮层上产生的类似照相的复写,这就是我所说的'模仿'。"塔尔德导师解释道。

"这与IP剧火爆又有什么关系呢?"卢方娜似乎更加迷惑了。

"模仿是没办法抗拒的,社会就是模仿,一切或几乎一切社会相似性都来自于模仿,这就好像一切或几乎一切生物相对性都是靠遗传获得的一样。在整个过程中,无论是有意的还是无意的,主动的还是被动的,如果两个活生生的人之间存在某种社会联系,那么两者之间就会存在这个意义上的模仿。

"具体到IP剧火爆这个问题上,我们可以把所有观看这部剧的人的行为看作在模仿。当很多人都在描述这部剧好的时候,你的头脑中可能也会存在这样的想法;而当很多人在说这部剧不好的时候,你的头脑中也可能会存在同样的想法。总的来说,就是人们会通过模仿来让彼此的行为相一致。"塔尔德导师解释道。

"这不就是跟风吗?"马鹏伟依然在同一个问题上不依不饶。

"好吧,如果你认为用'跟风'来形容更好,那就用'跟风'吧。但'跟风'并不是一种理论,而'模仿'却是。"塔尔德导师强调道。

"从我个人的经历来说,我并不认为自己是那种别人说好就觉得好的人,我也并不认为自己在模仿别人的行为。"李文文指出(如图 11-3 所示)。

图 11-3　模仿是不可抗拒的

"实际上,模仿有两种表现形式:一种是上面我所提到的原封不动地去模仿对象；另一种则是反其道而行之，我称之为'反模仿'。正是模仿与反模仿的存在，才让构成社会的人们表现出很多的相似之处。

"当然，除了反模仿外，还存在着非模仿，其并不总是一个简单的否定的事实，这是一种很正常的情况。"塔尔德导师说道。

"我觉得这个理论用 IP 剧火爆来佐证并不那么恰当，倒不如用粉丝为选秀节目选手投票来举例。"李文文说道。

"你要怎么解释这个例子呢？"塔尔德导师问道。

"粉丝们的投票行为实际上就是模仿，包括对选手的认可其实也是一种模仿，甚至我认为追星这种行为在很大程度上还是一种模仿。"李文文继续说道。

"没错，人的一切行为都是在模仿。而且很多时候，这种模仿都是从里到外扩散的。"塔尔德导师肯定道。

"是从内心到行为吗？"卢方娜问道。

"也可以理解为是思想上的模仿在前，物质上的模仿在后。或者可以说思想的传播要在表达的传播之前，而目的的传播则要在手段的传播之前。所以模仿这种社会行为一定是思想先行的。"塔尔德导师说道。

"这又要怎么理解呢？"卢方娜继续问道。

"以上面的 IP 剧火爆事例来说，就是因为人们在思想上首先认可了其'好看'这个事实，随后才出现了行为上的宣传支持。在历史上，一些国家被其他国家征服，但这个国家的文化却在另一层面上征服了征服者。这个例子也很好地说明了这一点。"塔尔德导师解释道。

第四节　每个人都可以成为精英

"我翻了翻你们前面的课程，发现你们已经学过了'意见领袖'方面的内容。但在这节课中，我还想讲一讲这方面的内容。相比于前面那位导师，我所讲的内容可能要更高深一些。"塔尔德导师说道。

"在课程开始之前，我想先听大家谈一谈'精英'这个概念。"塔尔德导师抛出了问题。

"从定义上来看，'精英'是一小撮有钱、有权、有地位的人。"马鹏伟用简短的几个词概括了精英的定义。

"在某一个领域或者多个领域具有独到才能的人就可以称为精英。"林凯给出的似乎是另外一种"精英"。

"这个概念应该从不同的层次去理解，比如在一群学生中有'精英'，在一群工人中有'精英'，在一群富豪中也有'精英'。'精英'应该是在不同群体中具有独特才能和地位的一小撮人。"卢方娜给出了一种更容易理解的解释。

"三位同学说得都很不错，相比之下，这位女同学的答案更贴近我的想法。'精英'应该是你们这个时代的叫法，在我们那个时代，我比较喜欢称这些人为'贵族'。当然，'意见领袖'其实又是另外一回事了。下面我们主要谈谈我所说的'贵族'。"塔尔德导师解释道。

"在我们那个时代，'贵族'的产生有许多不同但有共性的原因，比如道德、修养、战功等。但不论是从哪个角度去看，社会优势地位总是与一个人的适应能力息息相关。这就需要看一个人如何适应当时的知识状态，如何适应一切使人成功、致富、出名所必需的各种资源。"塔尔德导师说道（如图 11-4 所示）。

图 11-4　成为贵族的条件

"这是不是说只有那些在不同时代中，掌握尖端知识和资源的人，才有可能成为'贵族'呢？"卢方娜问道。

"这当然是毋庸置疑的。倘若那个时代只有木棒而没有发明其他武器，除了捕鲸没有其他致富手段，除了忠于家族没有其他更好的道德，除了文身没有其他更好的艺术，那地位高贵的人只能是善于捕鲸的勇武之人，他们对家族最忠诚，他们的纹身也最漂亮。"塔尔德导师说道。

"这是不是说，时代在发展，'贵族'也在变化？"林凯问了一个答案显而易见的问题。

"那是当然，当动物逐渐被驯化后，最高贵的人就成了善于骑射、牧群最大、最虔诚的人。等到农业获得较大发展，人们开始以社会群体定居，小规模军队出现后，想要获得贵族的身份，就要靠战略能力、土地财富、战争奴隶，还要靠他们对神圣范本的虔诚、角斗场上的胜利了。"塔尔德导师解释道。

"这样看来，时代越是发展，想要成为'贵族'的成本越高。"卢方娜说道。

"如果你说的'成本'是表示成为贵族的难度,你的结论就不太准确。在工业时代,发明和发现大量累积,想要再次获得'贵族'地位似乎更难了。这一时代的贵族需要较高的威望,而这些威望的获得需要靠指挥大军的才干、领导大战的才能、大胆成功的商业投机,以及科学文化艺术方面的卓越成就,这样看来'成本'似乎真的高了不少。"塔尔德导师说道。

"但大家其实可以换一个角度去想一想,或者是想一想你们身边的'贵族',这里说'精英'可能更好一些。他们究竟是依靠什么成为'精英'的,是领导大战的才能吗?是大胆成功的商业投机吗?"塔尔德导师问道。

"这些原因应该都有吧,但不一定都要具备,可能只要具备某一方面的条件就可以了。"林凯回答道。

"不对,应该是在某一方面做到极致,才能被称为'精英'。一次两次成功的商业投机并不能获得威望,要是每次商业投机都成功,那才能获得威望,被称为'精英'。"马鹏伟补充了林凯的观点。

"那除了这些方面,还有其他方面的原因吗?"塔尔德导师继续问道。

"如果某个人在哪一方面的业余爱好上具有卓越表现,在现在这个时代应该也可以成为'精英'。"李文文回答道。

"有什么具体的例子吗?"塔尔德导师追问道。

"比如在现在的电商平台上,一些人凭借自己对美妆产品独有的品位,通过直播卖产品。在这个过程中,他获得了粉丝的追捧,应该算是一种威望吧,至少在直播这个圈子里面,他就是'精英'了。"李文文回答得有些磕绊,似乎对自己的答案并不那么自信。

"你的论述没有问题,这一点确实也是成为'贵族'的一个可能因素。"塔尔德导师回应了李文文的回答。

"需要指出的是,在工业时代以后,尤其是到了现代,各种的贵族荣耀都是个人的荣耀,虽然可能会不断传承,但它绝不是世袭的,而是凭借社会选择的楷模获得的。"塔尔德导师说道。

"您的意思是说当今从祖辈那里世袭获得财富、地位的人,现在并不足以称之为'精英'吗?"卢方娜问道。

"你认为足以吗?"塔尔德导师反问道。

"这个问题并不好回答,因为需要具体问题具体分析。但有一点是确定无疑的,那就是在任何一个国家,发财本身并不足以让人变成'贵族',虽然有时它会让人生而富有,但生而富有并不等于高贵。想要成为真正的'贵族',需要再加上令人尊敬的地位,哪怕是世袭的令人尊敬的地位。"塔尔德导师解释道。

"财富和地位挂钩这件事,本身就存在一定的问题。"留下最后一句话后,塔尔德导师结束了自己全部的课程。

第十二章
斯图亚特·麦克菲尔·霍尔导师讲"文化表征理论"

在本章中,斯图亚特·麦克菲尔·霍尔导师带来了"文化表征理论"相关内容。结合自己在大众文化研究领域的经验,霍尔导师具体分析了"受众的解码立场""表征与文化"等问题。在最后一节课中,霍尔导师还为同学们介绍了传播学中的批判学派,扩展了大家的视野。

斯图亚特·麦克菲尔·霍尔

(Stuart McPhail Hall,1932年2月3日—2014年2月10日),英国文化理论家、社会学家、媒体理论家和文化研究批评家,伯明翰大学现代文化研究中心的创建者之一。他始终致力于媒介与大众文化研究,在文化研究领域的主导地位和杰出成就尚未有人可以超越。

霍尔的代表著作有《电视讨论中的编码和译码》《文化研究:两种范式》《"意识形态"的再发现:媒介研究中被压抑者的回归》《意识形态与传播理论》等。

第一节　传播是个商品流通的过程

"你们听说没,那个女明星又被狗仔队偷拍到了。"一个胖胖的女生对着教室中的其他人说道。

"知道,上一次拍到她,她不是否认了吗?这次真是'捉贼拿赃'了。"另一个留着长发的瘦高女生说道。

"听说后面还有爆料呢,她其实和她老公早就离婚了。"胖胖的女生有些得意地说道。

"这几位同学不要讨论了,我们大家一起来讨论讨论。"讲台上,霍尔导师笑着说道。

"不讨论了,不讨论了,老师您讲吧。"胖女生怯怯地回应道。

"这个问题光我来讲可不行,还是要大家一起讨论才行。我们就接着你们刚才谈论的话题来开始本节课,你说说你们刚才谈论的是什么?"霍尔导师提问道。

"没什么,网上的八卦而已。"女生的声音又降低了几个分贝。

"网上的八卦啊,这样说有点不准确,我觉得还是叫它媒介低俗化问题吧。我们今天就借着这个话题,来聊一聊我的'编码、解码'理论。"霍尔导师成功将谈话引入到自己要讲的理论之上。

"媒介低俗化问题是伴随着大众传播不断发展而产生的,它关联着人类生活的方方面面,在经济利益的驱使下,媒介低俗化逐渐泛滥。那么,在大家眼中,现在的媒介低俗化现象都有哪些呢?"霍尔导师问道。

"一些媒体上充斥着娱乐明星的八卦消息,之前是娱乐媒体千方百计挖八卦,现在是明星互爆八卦,甚至还有人自己炒作自己的八卦。网络媒体上的内容真实性已经荡然无存了。"卢方娜第一个总结道。

"一些新闻节目为了追求收视率,大肆增加猎奇内容,甚至将暴力犯罪、性内容作为要点大肆报道。新闻的真实性也大打折扣,逐渐成为收敛钱财的工具。"李喜月回答道。

"现在网上到处是软文,每个企业都夸自己好,说别人不好,媒介已经成为收钱放广告的平台了。"马鹏伟说道(如图12-1所示)。

图12-1 媒介低俗化的表现

"很好,很好,大家说了这么多,都有些出乎我的预料了。看样子,大家对当前媒介的发展演化确实感受颇深。下面我从理论层面为大家解析一下这一现象。"霍尔导师似乎很满意大家的答案。

"传统的线性传播模式关注的焦点主要集中在信息交流层面，缺少对各个环节之间关系的整体思考。我认为，我们应该以另外一种方式来思考这个过程，即将传播过程看成一种结构，其由生产、流通、消费、再生产这几个相互联系但各不相同的环节结合产生。

"简单来说，我认为传播的整个过程就像商品生产的过程，在生产环节中，编码者依据代码来编写讯息；到了流通环节，讯息会以话语的形式进行流通；到了分配环节，讯息会被分配到译码者手中；最后的再生产环节，则由译码者根据代码对讯息进行译码，获取其意义。"霍尔导师对自己的理论进行了详细解释。

"这是不是说现在的您就是编码者，而我们就是译码者？"李文文问道。

"没错，我是传播者即编码者，你们则是受众即译码者。我为大家讲课这个过程，其实包含了多个环节的内容，首先是我生产出内容，然后再通过话语让内容流通，随后大家接收到我的内容，并进行理解，进而再次输出。但这其中是存在着一个问题的。"霍尔导师说到这里稍微停顿了一下。

"有的时候您所讲的跟我们理解的可能并不是一个意思。"李文文说道。

"没错，应该会有很多时候是这样。为什么会出现这种情况呢？原因就在于编码者与译码者所拥有的代码系统是不同的。

"编码者在对内容进行编码时，拥有自己的代码系统。而译码者在进行译码时，也拥有自己的译码系统。如果两个代码系统恰好一致，那他们对同一内容的编码/译码应该是一致的。但很多时候人们的代码系统是不同的，所以就很容易出现这种受众解读内容与传播者传播内容不同的情况。"霍尔导师解释道。

"我知道了,这就是我听不懂您讲课的原因。"马鹏伟笑着说道。

"你这么说也没错,看样子下课后你要留下来跟我核对一下代码系统了。"霍尔导师也笑着说道。

"那这与媒介低俗化又有什么关系呢?"在众人哄笑过后,卢方娜问道。

"关于这个问题,我们需要从编码和译码两个方面去理解。在编码方面,编码者在编码时会受到意识形态和其他主观因素的影响,所以其生产的内容往往具有倾向性。媒介低俗化泛滥的一个主要原因是编码者的意识形态或主观因素作用的结果,如果媒介生产者过分追求收视率、票房等经济效益,必然会出现媒介内容低俗化的问题。"霍尔导师解释道。

"这么说编码是内容低俗化的根源所在?"卢方娜继续问道。

"大众传播是一个双向互动的过程,虽然编码者在编码时存在一定的倾向,但认知水平足够高的受众完全有能力摆脱编码者的控制,并且解析出不同的意义。而认知水平低的受众,在面对低俗化信息时,因为不能辨别其内容真假,只能盲目被动接受现有信息,这也是导致媒介低俗化的一个原因。"霍尔导师解释道。

第二节　受众的三种解码立场

"上节课,在讨论媒介低俗化问题时,我们学习了'编码、解码'理论。由于时间有限,我们并没有展开论述,这节课我们主要来说一说受众解码立场的问题。对了,上一节课后要跟我交流代码系统的同学，怎么下课之后没有留下啊？"

霍尔导师在讲完开场白后，似乎突然想起了上一节课的事情。同学们的目光随着霍尔导师一同看向了马鹏伟，感到危机的马鹏伟一下子站了起来。

"我后来听懂了您讲的内容。"说完，马鹏伟对霍尔导师展现出"迷人的"微笑，希望以此来蒙混过关。

"听懂了啊，那好，正好本节课我们有一个课堂测试，主要是针对上节课的内容的。试卷满分是10分，我的要求是大家的成绩不能低于9分。"霍尔导师语气严肃地说道。

霍尔导师话音刚落，课堂中爆发出一片惊诧声——"啊？"

"9分的标准有些太高了吧。"马鹏伟质疑道。

"高吗？那你觉得几分才算合适呢？"霍尔导师问道。

"6分及格，9分优秀吧。"马鹏伟建议道。

"你们也觉得9分定得有些高吗？"霍尔导师问道。

虽然没有人回答霍尔导师的问题，但从大家的表情中看得出来，这个分数定得确实是有些高了。

"大家为什么会对我定的分数有异议？我看原因还是在大家对我上节课所讲内容的理解有偏差上。至于为什么出现偏差这个问题，上节课我们已经讲过了，但会存在哪些不同的理解，我们却没有提及。"霍尔导师提到。

"理解还有类别吗？理解了不就是理解了吗？"问完问题后，马鹏伟都不知道自己在问什么。

"理解确实可以分为很多种，在理论状态下，大家对我所讲的内容可能存在三种理解状态，一种是认同，一种是不全认同，最后一种则是全不认同。这便涉及我们要讲的受众解码立场问题了。

在我看来，受众之所以对传播内容做出与传播者编码不同的解码，主要是因为受众的知识结构、社会地位和解码语境与传播者是不同的。其中主要的影响因素就是受众在社会结构中的地位，而与受众在社会结构中的地位相对应的解码立场主要有三种：统治—霸权立场、协商立场、对立立场。"霍尔导师解释道。

"统治—霸权立场是指受众在编码者设定的框架内进行解读，并认同内容所主导的意识形态。协商立场是指受众与占统治地位的意识形态处于一种矛盾和协商的状态之中，既有一定的主导意识形态，也有受众根据自己所处的群体位置做出的判断。对立立场则是在解码后，受众采取与编码者完全相反的策略，根据自己的理解解读出新的意义。

这三种不同的受众解码立场，对应着处于不同社会结构地位的受众。统治—霸权立场主要被社会中上层精英分子采用，因为编码者所宣扬的与他们的利益相一致；协商立场主要被社会中间阶层采用，他们需要与编码者协商出一个双方都可以接受的解释；对立立场则主要被社会下层所采用，他们所处的社会情境与主导意识形态相悖，所以需要对抗这种主导意识形态。"霍尔导师继续解释道（如图12-2所示）。

"这一理论是说处于不同阶层的受众，常常会根据自己的需要去解读编码者的意图吗？"卢方娜问道。

"这算是一种表现，我想通过这一理论表达的是，传播内容的意义很多时候不是编码者所传递的，而是由译码者创造出来的。"霍尔导师解释道。

"那这是说解码者可以随心所欲地按照自己的意愿进行解码吗？"卢方娜追问道。

图 12-2　不同阶层受众的不同解码立场

"当然不能,编码者虽然不能规定让解码者按照自己的意图进行解码,但编码过程是存在一定界限和范围的,解码者在解码时必须要在这个界限中操作才行。"霍尔导师强调道。

"前面我提到 9 分标准时,大家反应不一,有的同学觉得 9 分没什么难度,有的同学觉得应该降低分数,而有的同学则觉得降不降无所谓。根据这一点,我就可以将大家分为不同的三个层级。

"认同 9 分标准的同学处于一个层级,他们认同我所宣扬的内容;希望降低分数的同学处于另一个层级,他们并不完全认同我所说的,但觉得可以协商一下;而觉得无所谓的同学则属于一个层级,他们并不认同我说的,并打算展开对抗。"霍尔导师又说到了考试的问题。

"那咱们到底定多少分合适啊。"马鹏伟问道。

"如果大家理解了我上面讲的内容,那具体定多少分就无所谓了。因为我只是想举一个例子,并没有什么考试。"霍尔导师笑着说道。

第三节　表征与文化

"在学过了编码和解码之后,今天我们要学习'文化与表征'的相关内容。实话说,这一内容并不有趣,甚至对某些同学来说还有些难懂。"在开讲之前,霍尔导师为同学们打了一剂预防针。

"文化向来都是社会科学中最难解释的概念之一,有很多方式可以去界定这个概念。那么在大家眼中,'文化'这个概念应该怎么理解呢?"霍尔导师问道。

"文化应该是那些优秀的思想和作品的总称,它们所蕴含的内容就是文化。"林凯第一个回答道。

"文化应该是抽象的东西,不应该是具体的某些艺术作品。"卢方娜似乎并不认同林凯的答案。

"关于'文化'这一概念,有的学者将其概括为三种方式:第一种是理想层面的文化定义,即那些最优秀的思想艺术经典;第二种是文献层面的文化定义,即文化是智慧和想象的作品;第三种则是社会层面的文化定义,即文化是一种整体的生活方式。

"但我认为这些界定方式依然是不充分的,在我看来,文化与其说是一组事物,不如说是一个过程、一组实践。文化所指涉的是社会成员之间的意义生产和交换,其核心在于意义的创造、交往、理解和解释。"霍尔导师解释道(如图12-3所示)。

图 12-3　"文化"的定义

"那意义要怎样才能彰显出来呢?这需要在日常生活中,我们对事物的使用,对事物所言、所思、所感,也就是对事物进行表征。"霍尔导师继续说道。

"表征?是表述事物特征的意思吗?"卢方娜问道。

"关于表征,这里有两种意思:一是指表征某种事物,就是去描述或模拟它,以此在头脑中将事物的相似物品构建出来;一是指象征或代表,或是做什么的标本或替代。

"这两种意义对应着两种不同的表征系统,一种表征系统帮助我们赋予世界'意义',而另一种表征系统则是将各种符号安排到表征事物概念的各种语言中。

"表征所意指的整个实践过程,其实就是将事物、概念、符号三个要素联结在一起,从而展示语言中进行意义生产的实质属性的过程。从表层来看,表征是针对客观世界的象征符号,而从内涵来讲,表征除了反映现实世界外,还是一种文化构建,具有意指实践的功能。"霍尔导师进行了一连串的解释。

"这个'意指实践'又是什么意思?"马鹏伟对于霍尔导师的解释似乎仍有疑问。

"简单来说,我们身边的各种事物其实并没有什么固定的意义,意义完全是被构造出来的,这就是我说的'表征的过程就是生产意义的过程'。"霍尔导师解释道。

"那事物的意义就是我们个人赋予的呗。这样说来,那些代表着幸运吉祥的幸运符就没有什么意义了啊。"齐悦说道。

"你这种理解有一个明显的问题:如果事物的意义是个人赋予的,那同样一个事物的意义就可能千差万别,人与人之间就无法进行有效交流了。"霍尔导师解释道。

"在文化研究中,语言意义表征的运作方式主要有三种途径,分别是反映论途径、意向性途径和构成主义途径。

"在反映论途径中,意义被认为存在于现实世界的人、事、物之间,语言则如镜子一般单纯地反映或模仿已存在的真相。这种途径认为语言只是反映意义,而并不会构建意义。

"在意向性途径中,说话的人通过语言将自身的独特意义强加于事物之上,即认为是说话的人为各种事务赋予了独特意义。上面提问的同学所用的正是这种途径,但其存在着明显的缺陷,因为语言并不是私人游戏,而是一种社会系统。

"在构成主义途径中,事物本身是没有意义的,是社会成员通过他们文化的、语言的表征系统构建了意义,这样世界才具有意义。我很认同这种途径,其对文化研究产生了重要影响。"通过霍尔导师的一连串解释,大家似乎明白了"表征与文化"的内容。

"这么说来,玫瑰花的花语代表爱情的意义,就是通过第三种途径构造出来的?"马鹏伟问道。

"没错,可以这么理解。"霍尔导师回应道。

"表征是人们通过语言生产意义的过程,正是因为有这一过程的存在,那些使用同一种符号系统的人,才能够进行意义的传达和交流。基于此,我认为人类正是通过表征构建了意义世界。"霍尔导师总结道。

第四节　传播学研究中的"批判学派"

"翻看大家前面学过的内容，似乎还没有哪位导师讲到传播学学派的问题。鉴于前面几节课的内容过于深邃，最后一节课我们就来讲一点轻松的内容。"霍尔导师似乎不打算继续讲自己那些不容易理解的理论精粹，而是打算给大家讲一些基础理论知识。

"当传播学如雨后春笋一般，在各个国家生根发芽后，传播学研究学派也开始以国家和地区为单位出现。在传播学的漫长发展历程中，主流的传播学学派主要有两个——经验学派和批判学派。下面，我们就来详细了解一下传播学中的批判学派。"霍尔导师说道。

"为什么不了解经验学派呢？"马鹏伟问道。

"经验学派？如果有兴趣你们可以在课下去了解了解。"霍尔导师表情严肃地说道。

"传播学中的批判学派兴起于20世纪60年代的欧洲，在研究方法上，该学派主要以思辨为主，强调定性、全面、宏观，反对实证主义。而在社会观念上，该学派认为资本主义及其传播制度是极不合理的，大众传媒早已变成少数垄断阶级用来实现统治的意识形态工具，所以必须要进行批判和改变。"霍尔导师强调道。

"那批判学派主要研究什么呢？"卢方娜问道。

"批判学派研究的焦点在于'为谁传播'，以及传播体制与社会各要素之间的关系如何，最终研究的落脚点主要放在传播意义上。"霍尔导师指出。

"在批判学派中，还有许多不同的流派，比如法兰克福学派、政治经济学派、文化研究学派等。不同的学派着重研究的内容和方向也有所不同，比如我所在的文化研究学派，专注于对社会关系与意义之间的关系进行研究。"霍尔导师继续说道。

"与我同属文化研究学派的还有理查德·霍加特、约翰·费斯克等人。其中约翰·费斯克认为受众并非在消极被动地接受文化工业的产品，而是拥有自主的辨识力和创造力。即使在同一个学术流派之中，大家所研究的内容和方向也是有所不同的。"霍尔导师解释道。

"那批判学派中的各个流派在研究内容上具体有哪些不同呢？"卢方娜继续问道。

"关于不同流派的内容差异，似乎没办法用简短的语言表述清楚。事实上，批判学派各流派的出现，更多的是与研究区域有关。比如，法兰克福学派的学者们主要以德国法兰克福大学社会学研究所为中心，文化研究学派则主要以英国伯明翰大学当代文化研究中心为中心，而政治经济学派则深受英国莱斯特大学大众传播中心的影响。他们在研究内容上的差别是比较大的，但主要还是以法兰克福学派和马克思主义作为理论基础。"霍尔导师解释道。

"那批判学派与经验学派的差异主要表现在哪里呢？"卢方娜继续问道。

"这两个学派间的差异和分歧太大了，无论在研究目的、研究方向，还是研究方法上，双方都存在着许多不同之处。说不同都是轻的，在社会观和传播观上，双方甚至是水火不容的。

"在社会观上，经验学派认为资本主义是多元化社会，多方利益协调可以消除社会矛盾，而媒体则是改进社会问题的重要工具。批判学派的社会观如前所说，是对现行资本主义制度持批判态度的，他们认为大众媒介在本质上是少数垄断资本对大多数人实行统治的工具。可以看出，在社会观上，双方完全是背道而驰的。

"在传播观方面，经验学派主要关注如何传播，注重微观层面的传播效果和受众，其目的在于更好地服务于实践。而批判学派反对经验学派只注重微观效果分析的做法，着重于从宏观的角度研究传播体制、社会结构、意识形态和传播的关系。"霍尔导师详细论述了两大学派间的不同之处（如图12-4所示）。

图12-4　批判学派与经验学派

"那究竟哪个学派的研究更正确呢？"林凯问道。

"我当然支持批判学派的研究，但对于正确与错误的评判，我是没有结论的。很多事情不是用'非黑即白'就能说清楚的，至于认可哪种学派的观点，大家应该通过自己的思考去做判断。"霍尔导师总结道。

第十三章
乔治·格伯纳导师讲"电视教养理论"

在本章中,乔治·格伯纳导师主要向同学们介绍了"电视教养理论"。作为文化指标研究的重要内容,"电视教养理论"对传播学发展产生了深远影响。当然,格伯纳导师并没有局限在自己的时代,他将这一理论扩展到了互联网时代,详细介绍了"共识"作用,以及流量明星为何火爆等内容,加深了同学们对这一理论的理解。

乔治·格伯纳

（George Gerbner,1919年8月8日—2005年12月24日）,出生于匈牙利首都布达佩斯。1968年,格伯纳实施了文化指标研究计划,用来记录电视内容的趋势以及这些变化如何影响观众对世界的看法。他提出的"涵化理论"对传播学发展产生了深远影响。

第一节　每个人都在被大众传播影响

"终于轮到我来为大家上课了，对于把我的课程放在后面，我表示不理解、不认同，但我也无能为力。听说大家上周的传播学课程学得很吃力，正好在这一周放松一下，我要讲述的内容大家都能很轻松地理解。"与霍尔导师不同，格伯纳导师的这剂预防针打得大家颇为舒服。

"您是要讲电视教养理论吗？"马鹏伟急着问道。

"我是想讲些别的内容的，但前面的导师们把能讲的基本讲得差不多了，我就不再重复了，就拿自己最得意的研究结论来讲吧。"格伯纳导师说道。

"现在对你们来说，'电视教养'应该已经过时了，应该说'互联网教养'或'手机教养'才对。但不论是哪种媒介，教养理论的内容都是一致的。长期收看充满暴力色彩的电视节目，很容易导致观看者认为现实世界就充满着暴力和危险。"格伯纳导师说道。（如图13-1所示）

"我妈妈每天看那些婆媳斗法的电视剧，也总觉得婆婆和媳妇之间只能呈现水深火热的状态，而没办法做到水乳交融的境界。"齐悦将格伯纳导师说的理论内容描述得形象生动、真真切切。

"你的描述很准确。在现代社会中，传播媒介所展现的'象征性现实'对人们认识现实世界产生了巨大的影响。由于传播媒介所具有的一些倾向性，人们在心目中形成的'主观现实'便会与现实世界中的客观现实产生较大的偏离。"格伯纳导师解释道。

图 13-1　每个人都会被大众传播影响

"您所说的这些'现实'是李普曼导师所说的'拟态环境'中的'现实'吗?"卢方娜问道。

"基本是一致的。因为大众媒介对人们的影响并不是短期就能消退的,而是一个长期的、潜移默化的、逐步培养的过程,它会在不知不觉之中对人们造成深层影响。正是基于这种情况,我才将自己这一系列研究称为'培养分析'。"格伯纳导师指出。

"这节课我们不去扩展'培养分析'的内容,而只说大众媒介对我们的'教养'作用。大家有没有想过,你们喜欢什么、讨厌什么,其实都是大众媒介'培养'出来的呢?"格伯纳导师提问道。

"我就爱看那些武侠剧,但也没觉得现实世界有多么武侠啊。倒是尔虞我诈、鸡鸣狗盗的事情和电视剧里面差不多,经常发生。"马鹏伟自认为没有被大众媒介"培养"。

"我看你倒是颇有武侠风骨的,你没有觉得武侠世界中的价值观影响到你吗?"格伯纳导师反问道。

"武侠世界的价值观?这样想来,在重情重义方面,我应该是被武侠世界深深影响了。"马鹏伟说道。

"在爱打架、爱惹事、耍贫嘴方面也受到影响了。"卢方娜接过马鹏伟的话茬,补充道。

卢方娜的回答逗得大家哈哈大笑,就连格伯纳导师也受到了影响。

"很好很好,看样子这位同学确实受到了不小的影响。"格伯纳导师笑着说道。

"在本节课中,我想要强调的内容是,在当今时代,电视(互联网、手机)培养或构造了现实世界。这个现实世界在很多时候是需要加上引号的,但我们中的大多数人却认为其真的就是现实世界,并且接受和认可了它的真实性,由此产生诸多判断和行动,这在很多时候是非常危险的。

"正如上面我所提到的暴力节目会让观看者认为现实世界就是暴力的,这对于容易遭受暴力伤害的弱势群体来说,无疑是一种精神上的恐吓,对社会稳定也是极为有害的。当然,这是一种显见的危害,许多国家的政府都看到了这一点,并采取了相应措施。但还有一种隐性的危害正在不断孕育之中。"格伯纳导师说道。

"娱乐至死。"李文文抢答道。

"没错，这位同学总结得很到位。在政府的管控下，媒介内容中的暴力情节少了，但娱乐内容却泛滥起来。大众媒介需要依靠收视率来获得经济回报，娱乐内容可以最大限度吸引受众，这就导致大众媒体不断播放娱乐内容。很多时候，为了确保在同业竞争中占据有利位置，一些大众媒介甚至会将暴力、恶搞、色情等内容，糅合到娱乐内容之中，淡化暴力色情色彩，逃避官方审查。长此以往，观看者又会被潜移默化地'培养'起来。"格伯纳导师说道。

"那我们应该怎么办？难道我们每天只能看些'走近科学''人与自然'等节目吗？"马鹏伟问道。

"这种问题的出现首先是大众媒介的责任，它们应该去调整自身的经营模式。其他原因则在于很多观看者并不了解'教养理论'，认识不到大众媒介对自身的影响，所以他们乐于'被培养'。

"对于大家来说，认清大众媒介对自己的影响是最重要的，区分好'主观现实''象征性现实'和'客观现实'同样是重要的。做好了这一方面的工作，就能更好地应对大众媒介的'培养'了。"格伯纳导师总结道。

第二节　互联网媒介的"共识"作用

"在上一节课末尾，我们提到了大众媒介的责任问题，关于这一点，大家可能已经学过类似的内容，但那与在'培养分析'中我要介绍的内容有所不同。我要强调的是大众媒介提供'共识'

的作用。"格伯纳导师说道。

"这种'共识'主要指什么呢？"卢方娜问道。

"'培养分析'研究的观点认为，社会如果要作为一个统一的整体存在并发展下去，就需要社会成员对该社会产生一种'共识'。简单来说，就是要对客观存在的事物、重要的事物，以及社会上的各种事物、各个部分及其相互关系有一个大体的认识。"格伯纳导师指出。

"这是要人们了解整个社会吗？"卢方娜继续问道。

"至少要对社会这个整体有一个大体的认识，只有这样，人们的判断和行为才会有共同的基准，社会生活才能协调。"格伯纳导师解释道。

"这要怎么实现呢？我们有可能认识整个社会吗？"卢方娜对格伯纳导师的解释依然存有疑问。

"当然可以实现，大众传播的一项基本任务就是提供这种'共识'。在传统社会中，教育和宗教承担着这一任务，到了现代社会，大众传播则承担起了这项任务。教育和宗教只能在有限范围内提供'共识'，而大众传播则可以将同一内容的信息传播到社会的各个角落。"格伯纳导师继续解释道。

"现在，大众传播已经不仅仅是现代社会的'故事讲解员'，而变成了缓和社会矛盾与冲突的'熔炉'。在这一点上，大众传播在提供'共识'方面的能力，已经远远超过了教育和宗教。"格伯纳导师强调道。

"那您说的不还是大众媒介对我们的'培养'吗？"马鹏伟问道。

"你可以认为这是'培养分析'研究的另一个方面。从目的上来看，'培养分析'揭示了大众传播为统治阶级和意识形态服务的本质。"格伯纳导师解释道。

"按照正常的流程,下面我将会为大家讲一讲电视媒介在形成'共识'中的重要作用,但放眼当前大家的现实生活,电视已经退出了大多数人的生活舞台,互联网媒介以其独特的优势取代了电视媒介的地位。因此,下面我们不谈电视媒介的'共识'作用,而谈谈互联网媒介的'共识'作用。大家可以说说互联网媒介在形成'共识'方面,区别于其他媒介的独特优势。"格伯纳导师说道。

"现在互联网的普及程度非常高,其拥有的受众是其他大众媒介没办法比的。"林凯率先说道。

"通过互联网获得信息非常便捷,即使不识字,只看视频或听音频,也能获得相应的信息。"齐悦回答道。

"除了便捷之外,互联网提供信息的手段也更加多样化,可以满足人们的多种需求。"卢方娜补充道。

"现在小孩子都沉迷互联网无法自拔了,通过互联网'培养'他们可太容易了。"马鹏伟说道。

"大家说的都没错,还有一个特点是当前互联网媒介已经广泛渗透到人们生活的各个方面,社会这台巨型机器离开了互联网将陷入瘫痪,这也使得互联网可以发挥出其他媒介所不曾有过的力量,至少在形成'共识'方面是其他媒介无法比拟的。"格伯纳导师补充道。

"这些其实也是我们那个时代电视媒介的独特优势,只不过到了你们这个时代变成了互联网媒介的优势。伴随着时代的发展,新的媒介也许有可能会取代互联网媒介,成为新的形成'共识'的重要力量。

"你们或许有所感受,无论是多么重大的事件,如果电视或互联网媒介没有报道，很少人会将其当作真实发生的事情。相反，一些本就微不足道的事情，如果经过电视或互联网的大肆报道，那它就会被越来越多人知道，并成为一件异乎寻常的大事。"格伯纳导师说道。

格伯纳导师举完这个例子，同学们似乎瞬间意识到了这一现象，至少从他们的表情中可以看出，格伯纳导师说的确实没错。

"我一直在想您说的'共识'在现实中究竟是什么？是规则或价值观一类的概念吗？"李文文与卢方娜一样，依然陷入对"共识"的认知中（如图 13-2 所示）。

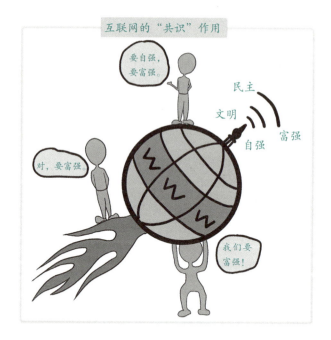

图 13-2　互联网的"共识"作用

"要将'共识'具象化是比较困难的。你所说的规则和价值观可以看作一种共识，但共识所涵盖的范围显然要比它们更广泛一些。'尊老爱幼'算是一种共识，而且通过大众媒介也可以培养这种共识。诸如此类的共识太多太多，没办法一一列举。"格伯纳导师总结道。

第三节　大众传播特定倾向性的形成

"大众传播在信息产生、传达和消费过程中，总会受到各种制度性压力和制约因素的影响，这会导致大众传播的内容形成特定的倾向性。这种现象在我们的生活中很常见，但很多时候，大家却对其视而不见。"格伯纳导师说道（如图13-3所示）。

图13-3　大众传播的特定倾向性形成

"大家明白我上面所说的话的意思吗？"担心同学们不明白，格伯纳导师问道。

"这是说很多时候我们看到的、听到的并不是完整的事件本身，对吗？"卢方娜回答道。

"可以这么理解。"格伯纳导师回应道。

"这是传播者的意图吗？"卢方娜追问道。

"肯定是与传播者有关系的，但影响因素却不仅仅这一点。"格伯纳导师回答道。

"为了更好地理解这个问题，我们用一些事例来说明。第一个事例是战争，即使在你们生活的这个时代，在世界的某些角落，依然在不断发生着局部战争。在这里，我们不关注战争本身，而着重研究一下大众传播媒介对战争的报道。"格伯纳导师说道。

"如果要对战争报道角度进行划分，大家认为战争中的报道主要有几种？"格伯纳导师问道。

"应该有战争双方和第三方这三种不同的报道角度吧？"虽然答案是正确的，但马鹏伟依然显得有些信心不足。

"没错，正是这三种角度。那具体来说这三种角度的报道又会是怎样的呢？"格伯纳导师继续问道。

"战争双方肯定倾向于报道对方的过错、对方的伤亡，然后刻意淡化自己的过错和损失。第三方的话，应该会选择支持战争中的某一方吧。"马鹏伟回答道。

"第三方也可能会保持中立，只发表一些无关痛痒的评论。"林凯补充道。

"那为什么会出现这些不同角度的新闻报道呢？各方不应该都完整地报道战争的各个细节吗？"格伯纳导师继续提问。

"战争中的宣传是非常重要的，所以各方肯定会选择对自己有利的报道角度。"马鹏伟回答道。

"很好，这正是我在本节课开始所说的大众传播内容的特定倾向性。很多时候，大众传播面对的客体往往是一样的，同样是一场战争，但因为战争各方的立场不同，他们在报道战争时的角度就会有所不同，报道的内容也就不同。"格伯纳导师解释道。

"这样做可以吗?"卢方娜问道。

"如果是歪曲战争事实,进行虚假报道,那当然是不可以的。但如果他们只截取战争片段进行客观报道,那为什么不可以呢?"格伯纳导师回答道。

"如果认为这个事例并没有完全体现出大众传播内容的特定倾向性,那我们再来看第二个事例。这个事例我们来说一说中国媒体和西方媒体对中国高考的报道。"格伯纳导师说道。

"西方媒体经常批判中国高考。"齐悦略显气愤地说道。

"那中国媒体呢?"格伯纳导师问道。

"中国媒体就是报道啊,很少有批判的。"齐悦回答道。

"那这是不是体现了大众传播内容的特定倾向性呢?"格伯纳导师继续问道。

"您是说中国媒体和西方媒体在报道中国高考问题上是有倾向性的吗?"卢方娜反问道。

"没错,据我观察是这样的。在报道中国高考上,中国媒体更多注重对考生规模、考试的紧张感,以及考试成绩和结果进行报道,基本不会涉及对高考本质问题的探讨,很少会说高考模式好或者不好。"格伯纳导师解释道。

"好像确实是这样的。"思考片刻,卢方娜若有所悟地说道。

"而西方媒体在报道中国高考这件事上,更多会对高考模式的本质进行探讨,当然,很多时候他们对这一模式持有批判态度。他们也会报道高考的考生规模和考试的紧张感,但其最终要表达的还是对这一模式的批判。"格伯纳导师继续解释道。

"这就是所谓的'倾向性'吗?"卢方娜问道。

"没错,这就是我所说的大众传播内容的特定倾向性。"格伯纳导师回答道。

"那除了传播主体的原因,还有什么因素会导致这种'特定倾向性'出现呢?"卢方娜继续问道。

"一般来说,大众传播内容特定倾向性的形成,主要会受到四个方面因素的影响。第一个因素是国家有关部门对传播制度和传媒活动的规定;第二个因素是大众传播媒介广告主对传播活动的干预和影响;第三个因素是同行业的竞争和来自各种利益团体的压力;第四个因素则是一般受众对信息传播过程的影响(如图13-4所示)。

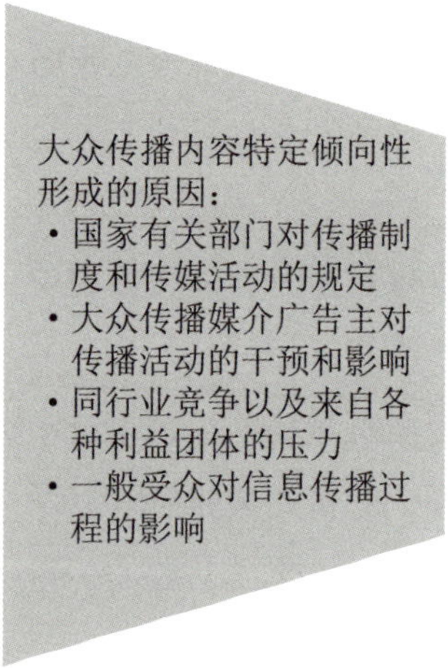

大众传播内容特定倾向性形成的原因:
- 国家有关部门对传播制度和传媒活动的规定
- 大众传播媒介广告主对传播活动的干预和影响
- 同行业竞争以及来自各种利益团体的压力
- 一般受众对信息传播过程的影响

图13-4 大众传播特定倾向性成因

"但在我看来,主要起作用的是前三个方面的因素,一般受众对传播过程的影响是相对有限的。"格伯纳导师解释道。

"这种'倾向性'应该存在吗?新闻报道不是应该客观真实吗?"李文文问道。

"我认为这种'倾向性'与新闻报道的客观真实并不矛盾。如果'倾向性'的存在是以忽略客观事实为前提的,那这种'倾向性'便是恶毒的,但如果这种'倾向性'来自于客观事实的某个方面，被作为一种传播技巧来使用的话，那这种'倾向性'的存在是没有太大问题的。"格伯纳导师回答道。

第四节　为什么流量明星这么火

"听说最近很多同学都在追一部电视剧，叫什么《落英缤纷哗哗哗》。"格伯纳导师的一句话，逗得同学们哈哈大笑。

"老师，不是'哗哗哗'，是'花拉拉'。"齐悦笑着说道。

"是'花拉拉'啊，我特意去查了一下，竟然还是说错了。"格伯纳导师笑着说道。

欢笑过后，大家静静地看着格伯纳导师。

"我看介绍说，这个'花拉拉'扮演者的头衔还比较多，'90后小花旦''最年轻影后''宅男收割机'……这应该是个大明星吧？"在了解明星这件事上，格伯纳导师显然是个门外汉。

"就是一个流量明星，颜值不够看，演技不在线。"马鹏伟不屑地说。

"我觉得挺好的啊，长得好看，演得也好啊。"林凯给出了与马鹏伟截然不同的结论。

"那是你觉得。"马鹏伟对着林凯说道。

"哦，对，流量明星，这就是我们要讲的内容。为什么流量明星会这么火？"格伯纳导师接过话茬，兜兜转转后终于揭开了本节课要讲的主题。

"现在基本上能够大火的电视剧，都会拥有一两位流量明星，这似乎已经成了你们这个时代的'爆款攻略'了。那些制片方愿意花大价钱，请一两位流量明星。为什么会出现这种现象呢？"格伯纳导师问道。

"观众爱看呗，现在的电视剧跟快餐一样，没法细细品，也就看看模样。"马鹏伟一脸世故地说道。

"这位同学看来对当下的电视剧行业了解颇深啊。"格伯纳导师赞扬道。

"他？他就喜欢看那个《贾芳传》，看了四遍还想看。"卢方娜嘲讽道。

"那部剧拍得确实好，主角有演技，配角能配戏，剧情也没得挑，不像一些青春偶像剧，又是霸道总裁，又是玛丽苏爱情的。"被卢方娜激起斗志的马鹏伟有条有理地说道。

"很好很好，制片方选择流量明星的背后其实也是一种'倾向性'在发挥作用。在进行文化指标研究时，我们着重对讯息系统进行了分析。在分析过程中，我们发现美国的传播媒介在总体上反映了占统治地位的消费群体的利益、观念和价值。这一点放在你们这个时代的电视剧行业也是一样，电视剧选择流量明星做主角，很大程度上也是为了迎合市场受众。"格伯纳导师解释道。

"在研究过程中，我们曾对821部电视剧和电视节目中的11754个出场人物进行过分析，发现其中25～45岁的人超过半数，而18岁以下的青少年和65岁以上的老年人则相对较少。这是由观看电视剧的人群主要是25～45岁的人所决定的。"格伯纳导师继续说道。

"您所说的'倾向性'体现在哪里呢？"卢方娜问道。

"这里我要说的倾向性主要是媒介讯息系统的整体倾向性。在我们那个时代，电视剧的主人公多是35～45岁的白人男性，这是因为这个阶层代表了美国占统治地位的核心价值，而电视剧中的老人形象不仅存在感较弱,而且多是反面人物。"格伯纳导师解释道。

"到了你们这个时代,大众传播媒介青睐流量明星也是同样的道理。没有流量明星的电视剧没有市场,这样制片方自然会千方百计地找流量明星来演戏。至于靠演技,还是靠颜值,很多时候人们更多的是注重收视率(如图13-5所示)。

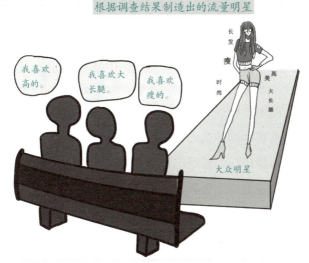

图13-5 根据调查结果制造出的流量明星

"媒介讯息系统的整体倾向性说明,传播媒介所展现的'象征性现实'是根据一定的价值体系结构来安排的。如果再去仔细分析电视剧中的各种形象,我们会发现一些更为有趣的社会影响。"格伯纳导师继续说道。

"我们先来说一说老人的形象。在你们接触到的电视剧中,老人大多是一种怎样的形象?"格伯纳导师问道。

"最近很火的那部电视剧里面的老父亲,完全就是个'作精'

的形象。让人又好气又好笑。"林凯说道。

"还有其他形象吗？"格伯纳导师追问道。

"现在电视剧里面的婆婆形象一般都是比较厉害的，欺负儿媳妇的那种。"齐悦补充道。

"那你们认为这些电视剧中的老人形象，与现实生活中的老人形象相比，出入大吗？"格伯纳导师继续问道。

"我觉得不大，婆婆一般都是比较厉害的。"齐悦迅速给出了自己的答案。

"应该有一定的差距吧，感觉没有电视里表现得那么夸张，但也差不多吧。"卢方娜与齐悦持有相同的观点。

"看样子大家是电视剧看得有点多了。在我看来，电视剧中的老人形象与现实中的老人形象并不是完全相同的。前面说到媒介讯息系统是具有倾向性的，在电视剧中，需要将老人的形象塑造成'非善意的模样'，接触电视越多的人，就会越倾向对老人做出'非善意的'否定性判断。"格伯纳导师解释道。

"大众传播媒介的内容都具有特定的价值和意识形态倾向。很多时候，这些倾向并不是以说教的形式展现的，而是以一种更娱乐的形式传达给受众，比如看电视、玩游戏等。人们的现实观和社会观会在这种潜移默化之中形成，到最后大多数人对此依然一无所知。

"这正是我前面说到的每个人都在被大众传播所影响，越来越多新出现的大众传播媒介正在全世界范围内广泛'培养'着人们。"格伯纳导师总结道。

第十四章
菲利普·J. 蒂奇诺导师讲"知识鸿沟理论"

  在本章中,菲利普·J. 蒂奇诺导师为同学们带来了"知识鸿沟理论"。作为当前影响颇深,而且可能会持续加深影响的一种理论——"知识鸿沟"理论与每个人息息相关。蒂奇诺导师从"芝麻街"的失败讲起,从报刊时代的"知沟",讲到信息时代的"知沟",为同学们构筑了一套完整的"知沟理论"学习路径。沿着这条路径,同学们可以更好地理解这一理论在当今时代的诸多表现,也能在一定程度上规避这一理论的不良影响,缩小与他人的差距。

菲利普·J. 蒂奇诺

  (Phillip J. Tichenor,1931 年 7 月 31 日— 至今),美国明尼苏达大学新闻与大众传播系教授。其与两位同事一同提出了"知识鸿沟理论"假设,世界范围内大众传播"知识鸿沟"现象的研究正是由此开始的。
  知识鸿沟理论认为,由于社会经济地位高的人经常能比社会经济地位低的人更快地获得信息,所以大众媒介传递出来的信息越多,这两种人之间的知识鸿沟就会越大。蒂奇诺教授及其同事针对这一理论发表了很多具有影响力的学术论文,对该理论的传播和发展起到了重要的推动作用。

第一节 《芝麻街》的失败

"当人们在庆祝科技进步所带来的大众传播媒介的技术革新时,我并没有那么开心,因为我知道又将会有一大批人被远远地甩在后面。"一开始,蒂奇诺导师就发出了感慨,这让课堂中的同学们感到有些困惑。

"为什么会有人被甩在后面呢?"林凯问道。

"因为这些人的知识量并不会增加或增加得很慢,而其他一些人的知识量会在技术的支持下获得显著提升。这正是'知识鸿沟理论'的重要表现。

"本周的传播学课程,我将会为大家详细介绍'知识鸿沟理论',虽然只有这一个理论,我依然觉得四节课的时间过于短暂。"蒂奇诺导师说道。

"传播媒介的普及和推广,不是应该提高整个社会的文化水平吗?每个人都会在其中有所收获,不是吗?"林凯继续问道。

"没错,但这种收获对于一些人来说,并没有太大作用。这就像是'逆水行舟'一样,他们并没有进步,而是相对退步了。"蒂奇诺导师继续解释道。

"这又要怎么理解呢?"林凯似乎依然没有明白蒂奇诺导师的话。

"或许我用一些大家生活中的案例来解释这个问题会更加清楚一些。"蒂奇诺导师发现自己的论述似乎并没有被同学们理解,他决定用举例子的方法进行说明。

"来到这里之前,我发现外面的居民小区周围到处可见儿童补习班的招牌,你们小的时候也经常去上这些补习班吗?"蒂奇诺导师问道。

"小时候我们村里可没有这么好的教育资源。"马鹏伟苦笑道。

"我小时候倒是去过兴趣班学习,主要是学数学的。"李文文回答道。

"这位女同学的学习成绩应该会比这位男同学好一点吧?"蒂奇诺导师问道。

"哪里是好一点啊,简直是天上一个,地下一个。"卢方娜的回答引得大家哄堂大笑,蒂奇诺导师也跟着笑了起来。

"我这么说并没有别的意思,事实上,在20世纪60年代的美国,这种现象就是非常普遍的。一些家庭富裕的小朋友在进入小学前就接受过幼儿教育,而那些家庭贫困的孩子不仅没有启蒙图书看,上学的时间也要更晚一些。小学阶段,有钱人家的孩子和贫困人家的孩子在学习能力和成绩上就会产生一定的差距。这一点放在现在的孩子身上,应该也不会有太大改变吧。"蒂奇诺导师解释道。

"起跑线不同,在学习过程中自然会有差距啊。"马鹏伟说道。

"没错,确实是起跑线不同。当时在美国,为了解决这个问题,政府曾经推出过一个推动教育公平的计划,主要做法就是制作一档名为《芝麻街》的儿童启蒙教育电视系列片,利用当时已经风靡全美国的电视机,让全国的儿童都可以看到这档节目。这样一来,贫困人家的儿童也能提前接受启蒙教育。看上去这是个不错的主意。"蒂奇诺导师说道。

"那结果呢？"卢方娜问道。

"我们对这一节目的实际播放效果进行过研究，结果有些不尽如人意。从直接效果上来看，有钱人家的孩子和贫困人家的孩子都通过观看节目获得了良好的教育效果。但从具体播放数据来看，观看和利用这档节目最多的还是有钱人家的孩子。"蒂奇诺导师解释道。

"那这不就相当于将两种孩子的起跑线都向前移动了同样距离吗？"马鹏伟大声说道。

"并不是这样的。实际的结果是有钱人家孩子的起跑线比贫困人家孩子的起跑线向前移动了更多距离。"蒂奇诺导师说道。

"那这部本着推动教育公平的电视片不就起到了反作用吗？为什么会这样呢？就是因为有钱人家的孩子能够更方便接触到这些内容吗？"卢方娜对这种结果显然不太理解。

"确实，这档节目失败了。至于原因，你提到的有钱人家的孩子更容易接触到这一内容算是一个，除了这一方面因素，还有其他因素。

"这种情况在你们生活的这个时代也是普遍存在的。看上去大众传播可以将同样的知识信息送到每一个人身边，人们想要接触或利用这些信息知识并不困难，似乎大众传播媒介越发达、越普及，人们接触和利用信息知识就越方便，越不容易出现不平等现象。大多数人只看到了上面这些表现，却没有注意这些情况所带来的结果并没有这么简单。"蒂奇诺导师强调道（如图14-1所示）。

"这就是您所说的'知识鸿沟理论'吗？"李文文问道。

"没错，在一系列实例论证后，我和朋友提出了这一理论假设。'知识鸿沟理论'认为，由于社会经济地位高的人经常能比社会经济地位低的人更快地获得信息,所以大众媒介传递出来的信息越多,这两种人之间的知识鸿沟就会越大。在下一节课中,我们将深入分析导致这种情况产生的原因。"蒂奇诺导师说道。

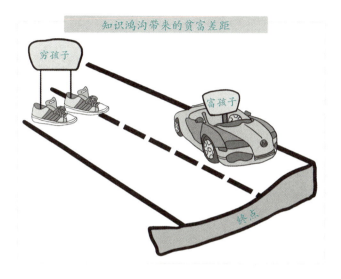

图 14-1　知识鸿沟带来的贫富差距

第二节　我们是如何一步步落后的

"在上节课中,我们主要谈论了'知识鸿沟理论'的内容,并没有对引发这种情况的原因进行详细说明。在这节课,我们就来探讨一下'知沟'出现的原因吧。"蒂奇诺导师说道(如图 14-2 所示)。

图 14-2　知识鸿沟理论

"不是有钱和没钱导致的吗?这种原因知道了也很难解决啊。"马鹏伟接过蒂奇诺导师的话说道。

"有钱没钱的问题解决不了吗?这位同学似乎有些过于悲观啊,年轻人应该自信点。"蒂奇诺导师非但没有生气,反而回应了马鹏伟的回答。

"经济条件方面的问题只是'知沟'产生的一个因素,这一点我在前面也提到了。经济条件方面的问题不好解决吗?实现了共同富裕不就解决了嘛!"严肃的蒂奇诺导师竟然开起了玩笑,课堂气氛瞬间轻松许多。

"导致'知沟'出现和扩大的原因多种多样,仔细思考其实并不难寻找,大家可以自由发言,我们一起来讨论分析一下。"蒂奇诺导师决定将课堂的发言权交给同学们。

"我觉得知识储备量应该算是一个原因。一般来说,知识储备多的人接触新知识会更容易一些,而知识储备少的人在接触新知识时,可能需要多花费一些时间。"卢方娜第一个站起来发言。

"我看大家都在点头,看样子是认可这位同学的答案了,我也觉得这算是一种导致'知沟'扩大的原因。"蒂奇诺导师认同了卢方娜的观点。

"跟这个原因相关的还有一点，就是每个人的阅读和理解能力。我们想要获得信息知识需要一定的阅读和理解能力，不同的人在这些方面的技能是不一样的，所以他们获得信息知识的结果也是不同的。"卢方娜继续说道。

"这个答案我认为也没有问题。这位同学说的两个原因，都是与个人能力关联比较紧密的，这些确实都是影响个人获取信息知识的原因。大家还有从其他角度寻找到的原因吗？"蒂奇诺导师问道。

"跟生活环境、工作环境应该也有一些关系。生活在大城市的人在信息知识获取上会比生活在小城市的人要更方便一些，而且很多时候他们所获得的信息都是第一手的信息，等传播到小城市时，信息知识可能已经不是原来的样子了。"李文文说道。

"这方面的因素确实也存在，但我觉得把定位放在信息的选择性接触、理解或记忆上会更好一些。比如说，对于互联网技术方面的信息，这一行业内的人在获取起来要更方便快捷一些；懂得越多不同行业知识的人，在获取对应行业知识时，也会更容易一些。进一步说，就是那些生活层次和水准与媒介内容越接近的人，对媒介的接触和利用程度就越高。"蒂奇诺导师补充道。

"如果这样说的话，那社交范围也应该算是'知沟'扩大的影响因素。如果一个人的社交范围很大，拥有不同行业的朋友，那他获取信息知识也会比别人便捷很多。"在蒂奇诺导师的启发下，李文文似乎又想到了新的答案（如图14-3所示）。

图 14-3　导致知识鸿沟扩大的各种原因

"社交范围的差异确实是'知沟'扩大的一个原因,这位同学能够从我的论述中想到这一点,思维很灵活。除去上面这些原因,还有一个原因大家没有提到,有哪位同学想到了吗?"称赞了李文文后,蒂奇诺导师提示同学们还剩最后一个原因。

"是大众传播媒介不同导致的吗?"齐悦小声回答道。

"大众传播媒介如何不同,这位同学能展开说一说吗?"蒂奇诺导师问道。

"现在主要的大众传播媒介是互联网,但我妈妈就不会用互联网,这样她获得的信息知识就会比那些会使用互联网的人少很多。还有那些不识字的人,他们也没办法通过报纸和图书获得信息知识,这样他们与其他人的差距不就越来越大了吗?"齐悦叙述得有条有理。

"很好,这位同学的叙述非常准确,这就是造成'知沟'扩大的最后一个原因。将这些原因归结到一起,我们会发现,其实根本的原因还是在社会经济地位上,那些处于较高社会经济地位的阶层，在获得信息知识方面始终处于有利位置。"蒂奇诺导师总结道。

"那说到底不还是有钱没钱的问题，这始终是一个不好解决的问题。"马鹏伟又重复了上课之初说过的话。

"这位同学对自己还是没有自信啊，提高自己的社会经济地位并没有那么难，你只要认真听每一节课，假以时日很容易就能解决没钱的问题了。"蒂奇诺导师也跟马鹏伟开起了玩笑。

"这种'知识鸿沟'会一直扩大下去吗？"在众人哄笑之时，林凯突然提问。

"你是怎么认为的？"蒂奇诺导师反问道。

"我觉得总会有一个上限，使得这种'知识鸿沟'消失。"林凯回答道。

"现在时间剩余不多了，关于这个问题，我们放在下节课讨论，这位同学到时候可以好好论述一下你的观点。"蒂奇诺导师似乎觉得林凯提出的问题并不是三两句话可以解释的，决定将这一问题放在下节课中解决。

第三节　"知识鸿沟"能被填平吗

"上节课我们似乎留下一个问题没有解决。关于'知沟'是否会消失，有同学给出了肯定的回答，其他同学有不同看法吗？"蒂奇诺导师问道。

"我认为如果按照现在这种社会发展趋势来看，整个社会的'知沟'会逐渐扩大，不可能会消失。"卢方娜坚定地回答。

"那么，有多少同学支持'知沟'会继续扩大这种说法呢？"蒂奇诺导师继续问道。

在蒂奇诺导师提问后，同学们陆续举起手，最终有三分之二的同学支持"知沟"会持续扩大这一说法。

"我也是支持'知沟'会持续扩大这一说法的，但鉴于还有一部分同学认为'知沟'会消失，我们不妨再讨论一下这个问题。哪位认为'知沟'会消失的同学先来说说，你的依据在哪里？"蒂奇诺导师似乎并不打算作为中立者，他率先选择了自己的阵营。

"我认为人们对知识的追求不是无止境的，当他的知识量达到某种程度时，知识量的增加速度就会逐渐衰减，最后甚至会停止。不同的人经历这个过程的时间可能有所不同，但从结果上看，大家都会达到同一种程度。所以最终'知沟'是会消失的。"林凯详细论述了自己的观点。

"你说的'这种程度'是什么概念？"卢方娜向林凯问道。

"也可以说成是'上限'，知识量达到上限后，人们就不会再去追求获取信息知识了。这和人吃饭吃到上限，吃饱了不会再吃是一样的。"林凯为自己说的"上限"列举了一个不那么恰当的例子，引得同学们笑了起来。

"吃饱了还有人继续吃呢，不然'吃饱了撑的'是怎么来的？"马鹏伟又开起了玩笑。

"吃饱了撑的就是到了上限！"林凯的回答颇为严肃。

"你的意思是说，那些社会经济地位高的人获取信息知识很快，但同时他们达到'上限'的时间也很快。而社会经济地位低的那些人虽然获取信息知识的速度慢，但只要时间足够，他们依然可以达到'上限'，追赶上社会经济地位高的人。但是，这种'上限'究竟是什么？是谁确定了这种'上限'呢？"李文文以富有逻辑的论述向林凯发起"攻击"。

"这种'上限'是约定俗成的,我举个例子来说。一个人准备参加法律职业资格考试,那他只要花时间把要考的几门科目内容全部记下来就够了。记住了全部内容,那就说明达到了'上限'。可能有的人达到这种'上限'只要半年,有的人达到'上限'却需要一年,但到最后他们的水平是一样的。"林凯采用例证法展开回击。

"你这是用个例代替整体,跳出这个范围,你的例子就没有意义了。"李文文似乎没想好具体的回击手段,只得仓促应对(如图14-4所示)。

图14-4　永远无法填平的"知识鸿沟"

"别的例子也是有的,还有很多种可能可以证明我所说的内容。如果一个人自身的知识水平已经超过了大众传播的内容,那他就不会再通过大众传播去获取知识,这样他便会停下来。此外,如果某个社会经济地位高的人觉得自己已经获得了足够多的知识,那他也会自动减慢或停止追求信息知识的脚步。在这种情况下,也可以认定他们已经达到了'上限'。"林凯继续展开进攻。

"刚刚你说的两点论据明显站不住脚。首先,知识的上限在哪里,你知道吗?知识的上限都尚且未知,怎么能有人的知识超过大众传播的内容呢?其次,某个人觉得自己达到了'上限',便会停止追求剩下的知识,那其他人呢?其他人的'上限'如果比他高,那知识的差距不就又出现了吗?所以你这两点论述根本是不成立的。"卢方娜对着"蛇的七寸"发起了猛烈攻击。

"那即使不用后面这两个论据,前面的例子也是成立的,你们又怎么说呢?"林凯继续顽强抵抗。

在双方的争论中,整个课堂弥漫着"硝烟",感觉到大家讨论的已经足够充分,蒂奇诺导师决定拿回话语权。

"好了,大家说得都很好,下面听我说几句。"蒂奇诺导师说道。

"这位男同学的观点其实早在我所生活的时代就已经出现了,这种理论被称为'上限效果'假说,其似乎是专门为了和我们的'知识鸿沟理论'对着干才被发明的。男同学提到的考试的例子确实可以说明这种'上限效果'理论,但不知道你是否想过,如果把这个例子放到人的一生中,而不是一次考试中,你的结论是否还会成立?"蒂奇诺导师解释道。

"放在人的一生中,'上限'也是存在的。"林凯回答道。

"在人一生追求知识的过程中,这种'上限'是否存在,我觉得应该画上一个大大的问号。你提到的个人追求特定知识会达到饱和,这一点是可以理解的,但经历了饱和之后就停止追求知识的观点,我是不认同的。

"此外,即使像你说的,'上限'是存在的,那么,当社会经济地位高的人先达到'上限',而社会经济地位低的人还没达到'上限',这段时间会发生什么呢?是不是会发生知识的价值被社会经济地位高的人利用殆尽的情况,这样等到社会经济地位低的人获得了全部知识,达到了'上限',也没有太大意义了。

"所以我认为可以消除'知识鸿沟',从而实现整个社会的'知识平均化'这个观点,只是在纸上谈兵而已。"蒂奇诺导师总结道。

第四节　信息社会中的贫富差距

"当前时代的'知识鸿沟'已经与我们那个时代完全不同了。我们那个时代的人们就知道'信息是财富,知识是力量'的道理,在你们这个时代,大家对这个道理的体会应该更加深刻了吧。"蒂奇诺导师颇有感触地说道。

"这正是我们在这里听课的意义所在啊。"马鹏伟的相声表演又开始了。

"没错,为了防止自己信息知识匮乏,你们必须认真听课,抓紧时间学习。"蒂奇诺导师说道。

"您不是说'知识鸿沟'解决不了吗?听课又有什么意义呢?"林凯在上节课遭到"攻击"后,也加入了马鹏伟的相声团队。

"我发现了'知识鸿沟'的存在,但解决方法却并不是那么简单就能获得的。到了你们这个时代,'知识鸿沟'的说法已经不那么准确了,随着科学技术的发展,'信息鸿沟''数字鸿沟'的到来,将让你们进一步体会到'知识鸿沟'的可怕之处。"蒂奇诺导师似乎想要在"知识鸿沟"之外讲一些其他内容。

"能给我们讲一讲这两方面的内容吗?"李文文问道。

"当然可以,虽然这并不是我的研究成果,但它们与'知识鸿沟理论'是一脉相承的。希望在我讲完这些内容之后,大家不要过分焦虑,而是要更加努力。"蒂奇诺导师担心同学们会因为自己所讲的内容产生焦虑感,这种想法似乎是多余的。

"伴随着信息技术的发展,'信息沟'理论产生了。其主要有四个方面的内容:一是新的传播技术会带来社会信息流通量和接触量的增加;二是并非每个社会成员都能均等地获得新技术带来的利益;三是更早使用先进机器的人比其他人更具信息优势;四是新媒介技术导致信息更新换代周期缩短,人与人之间的差距越来越大。"蒂奇诺导师完整地介绍了"信息沟"的具体内容。

"我能理解新的传播技术带来更多信息量这一内容,但为什么每个社会成员不能均等地获得新技术带来的利益呢?"卢方娜问道。

"原因很简单:想要采用先进技术,就需要拥有一定的经济与资源条件,而在现实社会中,这些经济与资源条件的分配是不均等的。"蒂奇诺导师解释道。

"信息能力本来就比较弱的人在面对先进媒介技术时也会落后,这与'知识鸿沟理论'是相同的。"李文文补充道(如图14-5所示)。

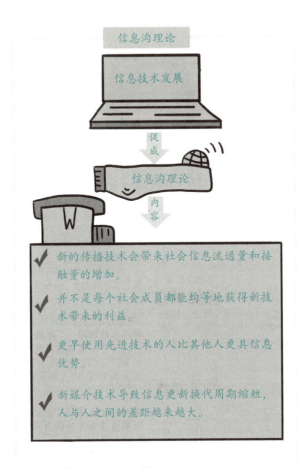

图 14-5　信息沟理论

"没错,正是如此。具有较高信息获取能力的人,通常也会更积极地利用新的媒介技术获得信息。"蒂奇诺导师说道。

"无论是'知沟',还是'信息沟',它们的存在和扩大都与新媒介技术的应用有关,而这在深层次上则与经济条件密切相关。到了数字化时代,也就是你们生活的时代,数字技术的应用又带来了'数字鸿沟'。

"'数字鸿沟'理论认为,在接触和使用互联网基础设施和设备方面,经济地位高的人占据着明显的优势;在使用互联网处理信息的基本知识和技能方面,受教育程度高的人占据着明显优势;在互联网内容特点和信息服务对象方面,年轻人更多地获益;而在上网意愿和动机上,大多数人都是不同的。

"这种'数字鸿沟'其实就是'知沟'和'信息沟'在数字化时代的一种延伸。如果真到了智能时代,还有可能会出现新的'鸿沟'。"蒂奇诺导师预言。

"如果这种'数字鸿沟'继续扩大,那社会的贫富差距就会越来越大吗?"齐悦问道。

"不能否认,这是当前存在的客观现实。在原始社会中,'知沟'的差距让人们几乎察觉不到,而到了我生活的时代,'知沟'对人类的影响已经非常明显。现在到了你们这个时代,'数字鸿沟'将会更加明显地表现在贫穷和富贵阶层之间,贫者更贫,富者更富,应该与此相关。"蒂奇诺导师解释道。

"除了会表现在贫穷和富贵阶层之间,'知识鸿沟'还会广泛表现在性别、年龄、行业、职业、民族和国家之间,从而导致不同性别、不同年龄、不同行业之间普遍存在一些差异。"蒂奇诺导师补充道。

"幸运的是,现在传播学已经对这些内容进行了深入研究,缩小和改善这些差距的对策也正在不断被讨论,相信不久的将来,大家应该会远离'知识鸿沟'的影响。但在现阶段,在具体对策没有找到之前,大家唯一能做的就是不断提升自己各方面的能力,到了真正需要的时刻,只有我们自己能够帮助自己。"蒂奇诺导师总结道。

第十五章
伊丽莎白·诺埃勒-诺依曼 导师讲"沉默的螺旋"

在本章中,伊丽莎白·诺埃勒-诺依曼导师为同学们带来了自己的经典理论"沉默的螺旋"。她现身说法,为同学们揭开了"沉默的螺旋"的神秘面纱,而在最后一节课中,她还与同学们探讨了跳出"沉默的螺旋"的方法。

伊丽莎白·诺埃勒-诺依曼

(Elisabeth Noelle-Neumann,1916年12月19日—2010年3月25日),德国著名政治学家,曾在哥廷根大学学习哲学、历史及新闻学课程,后又在柏林洪堡大学、柯尼斯堡大学和密苏里大学任教。

1972年,伊丽莎白·诺埃勒-诺依曼在《重归大众传播的强力观》一文中提出"沉默的螺旋"理论。随后,她又在《沉默的螺旋:舆论——我们的社会皮肤》中对"沉默的螺旋"理论进行了详尽阐述。

第一节　少数意见与多数意见

"我应该是唯一一位为大家讲课的女性导师吧,这让我感到非常荣幸。当然,大家能够亲耳听到我为你们讲述'沉默的螺旋'理论,也应该感到很荣幸。"诺依曼导师微笑着说道。

"好了,我就不开玩笑了。在正式开始讲课之前,我想先问大家一个问题:如果让你们对蒂奇诺导师上周的课程进行点评(好或不好),你们打算怎样评价?认为好的同学可以举手示意。"诺依曼导师说。

课堂中有不到三分之二的同学举起了手。

"很好,我大略看了一下,有些同学还没举手,看样子是蒂奇诺导师所讲的课程并没有让你们满意啊。这样,大家一会儿再举一次手,我仔细看看到底有多少同学认为上周的课程是好的。"诺依曼导师再次要求大家做出选择。

这一次,课堂中举手同学的数量明显超过了三分之二,只有少数几个同学没有举手。相比第一次统计,举手的同学明显多了起来。

"这一次举手的同学已经超过三分之二了,只有少数几位同学没有举手。难道没有同学好奇为什么第二次举手的同学比第一次多了一些吗?"诺依曼导师问道。

对于诺依曼导师的提问,大家都陷入沉默。

"第二次举手的同学比第一次多,说明有些同学转变了心意,这一点很好理解。但是为什么在短短不到 1 分钟的时间里，这些同学就会从认为'上周的课程不好'转变到认为'上周的课程好'呢？"诺依曼导师继续问道。

"是受别人的影响了吗？"林凯问道。

"是的，他们确实受到了别人的影响。"诺依曼导师回答道。

"那是谁影响了他们呢？"林凯继续问道。

"可能有的同学认为是我的表述影响到了他们，但我想说的是，真正影响到他们的人其实是那些举手的大多数同学。"诺依曼导师强调。

"在这种现象背后所体现的，正是本周我们要讲述的'沉默的螺旋'理论。在 1965 年的联邦德国议会选举中，也曾出现过这种情况。"诺依曼导师继续说道。

"当时参与竞选的一方是社会民主党，另一方则是基督教民主联盟和基督教社会联盟的联合阵线。在整个竞选过程中，双方的支持率始终相持不下，一方占据优势后，很快另一方又会迎头赶上，所有人都在焦急地期待着投票后竞选结果的公布。

最终的结果是：基督教民主联盟和基督教社会联盟共获得 49.5% 的初步选举投票，社会民主党只获得 38% 的初步选举投票。原本是势均力敌的双方，最后竟然是一方以压倒性优势战胜了另一方。"说到这里，诺依曼导师的语气加重了一些。

"是之前计算选举支持率时出现了问题吗？"卢方娜问道。

"我也曾有过这样的怀疑，所以对选举期间追踪调查的全部数据进行了重新分析，结果显示双方在竞选期间的选举支持率计算是没有问题的，一直到投票前，双方的支持率都没有发生明显变化。但我发现，有一件事情发生了明显变化。"说完，诺依曼导师稍稍停顿了一下。

"是参与选举的人的心理发生改变了吗？"卢方娜继续问道。

"可以这么说，或者更明确地说，是一些人对获胜者的'估计'发生了改变。事实上，在投票选举之前，认为基督教联合阵线会获胜的人始终在不断增多，到了投票那一天，这些人的数量增加到了最多。"诺依曼导师说道（如图 15-1 所示）。

图 15-1　多数意见影响少数意见

"难道说是因为原本支持社会民主党的选民，认为最后的选举会由基督教联合阵线获胜，所以他们改变了主意，把选票投给了基督教联合阵线吗？"李文文问道。

"没错，正是如此。"诺依曼导师回应道。

"即使如此，为什么会有如此多的人改变主意呢？这不是很不正常吗？"李文文继续问道。

"这确实有些不正常，正如在上课之初我让大家进行的选择一样，评价上周课程的好坏，为什么有的同学会产生意见动摇呢？原因就在于他们受到了'多数意见'的影响，他们不想作为少数派,陷入孤立状态中,他们需要在周围环境中获得支持,成为'多数意见'的一分子。"诺依曼导师说道。

"这正是'沉默的螺旋'理论的重要表现。在社会生活中,这种现象是很常见的。在下面的两节课中,我们将详细分析'沉默的螺旋'理论发挥作用的内在因素;而在最后一节课中,我们会讲一讲大家身边的'沉默的螺旋'现象,同时探讨一下如何去规避这种现象。"诺依曼导师总结道。

第二节　无处不在的"沉默的螺旋"

"在1965年选举后,我们又将1972年的联邦德国大选作为样本进行了研究。在选举过程中,双方的支持率依然不相上下,始终处于胶着状态。但与1965年的情况正好相反,这一次选民们对社会民主党获胜的预期伴随着选举活动的进行而不断提高,最终社会民主党一方以压倒性优势赢得了竞选。"诺依曼导师说道。

"那这种'沉默的螺旋'现象究竟是如何出现的呢?"卢方娜问道。

"在1972年的选举中,社会民主党的支持者和基督教联合阵线的支持者表现出了完全相反的热情。社会民主党的支持者们经常出入公共场合,而基督教联合阵线的支持者们则较少活动,这就导致了普通市民直观地认为是社会民主党的支持者更多一些。

"由此,那些认可社会民主党主张的市民便会认为自己所想的内容都是合理的，进而他们就会更加大声、更加自信地说出自己的想法；相反，那些不认可社会民主党主张的市民会认为自己属于少数派，自己受到了孤立，进而陷入沉默。

"这种行为会导致一种现象，那就是认可社会民主党主张的人数要多于其实际支持者，而反对社会民主党主张的人数要少于其实际反对者。一方不断大声表明自己的观点，而另一方始终保持沉默，这样的现象不断循环后进入到螺旋状态，最终会导致舆论中优势意见占据主导地位，其他意见纷纷'失声'，并逐渐消失。"诺依曼导师解释道。

"这样看来，'沉默的螺旋'所说的就是少数意见服从于多数意见了。"马鹏伟说道。

"这位同学可以详细说一下你的观点。"诺依曼导师示意马鹏伟继续说下去。

"比如说我们高三毕业班要办毕业一周年聚会，很多人在微信群里积极响应，但其实还有不少人是不想去的。在这种时候，微信群里更多的是那些想去的人在积极发声，而不想去的人基本不说话，最终结果就是大多数人都去参加聚会了。这应该是一种'沉默的螺旋'所导致的少数意见服从多数意见的结果吧。"马鹏伟解释道。

"个人意见的表达是一个社会心理过程，作为社会性动物，人总会在周遭环境中寻求支持，因为这样可以让他们远离被孤立的命运。为了防止被孤立，人们在表明自己的观点之前，总是需要充分观察周围环境。

"如果人们发现自己的观点属于多数意见，他们就会积极大胆地发声；但如果人们发现自己的观点属于少数意见，他们大多会屈服于周围环境的压力，将自己的观点'吞'到肚子里，选择保持沉默或者改变自己的观点，去附和多数意见。"诺依曼导师说道（如图 15-2 所示）。

图 15-2　无处不在的"沉默的螺旋"

"这种现象不就像病毒感染一样，一个传染一个吗？"林凯说道。

"病毒感染？我觉得还是用'螺旋'来表述更为准确一些，社会传播就是一个'一方越来越大声发言，而另一方越来越沉默寡言'的螺旋式过程。"诺依曼导师总结道。

"那现在社会上'舆论一边倒'的现象，也是'沉默的螺旋'在背后起作用吗？"林凯继续问道。

"在我的'沉默的螺旋'理论中，舆论是一种'公开的意见'。简单来说，只有那些被认为是多数人共有的，并且能够在公开场合中公开表明的意见才能够成为舆论。

"如果哪种意见成为舆论,那它就将具有一种强制力,与这种意见公开唱反调的人将会陷入孤立状态。而人们为了防止遭到孤立,就只能在公开言行中避免与舆论发生冲突。可以说,舆论是我们的社会皮肤。

"在了解了舆论的概念后,再回到这位同学所提的问题中,我们可以发现,其实不仅是'舆论一边倒'现象,很多流行和时尚风潮形成的背后,都有'沉默的螺旋'机制在发挥作用。"诺依曼导师解释道。

"那这种'公开的意见'又是怎样形成的呢?舆论作为公开的意见具有强大的社会控制能力,那是不是说我们可以通过制造舆论,来达到控制社会的目的呢?"李文文问道。

"你这个问题问得很宏观啊,首先说用舆论控制社会这件事,在理论上是存在可能性的,但在具体操作中,需要具备的条件还是比较苛刻的。同时你又问舆论是如何形成的,关于这一点,我相信你们在天天刷微博的过程中应该会有所体悟。这个问题,我们留到下一节课解答吧。"诺依曼导师说道。

第三节 "意见环境"影响舆论

"昨天某某女明星结婚的事情大家都知道了吧?"站在讲台上的诺依曼导师问道。

"当然了,昨天微博都瘫痪了,听说是奉子成婚呢!"齐悦第一个抢着发言。

"是奉子成婚，有人拍到她去医院做产检了呢！"李月欣应和道。

"我发小说给她做检查的护士是她二姨的三姑的闺女。"林青青跟着说道。

围绕着女明星结婚这件事，课堂顿时热闹起来，诺依曼导师一直注视着大家，并没有说话。等到教室逐渐归于平静，诺依曼导师继续说道："在昨天之前，好像是上周末，一个老伯和一位女士因为让座问题发生争吵，结果老伯心脏病过世的事情大家听说了吗？"

"这个事刚发生那几天挺火的，那个女白领被骂得不行，结果昨天女明星一结婚，这件事的微博热度就下去了。"齐悦又是第一个站起来回答了问题。

"这位同学看来对社会热点事件颇为关注啊。"诺依曼导师说道。

"都是微博推送的，随便一刷就是，那些内容不想看都往眼睛里钻。那个女白领太过分了，不但不给老人让座，脾气还不好。"齐悦回答道。

"是啊，老伯都那么大年龄了，那女人竟然不让座，还让老人离她远点儿，太过分了。"李月欣应和道。

一时间，整个课堂中又响起对女白领的批判声，无论是男同学还是女同学，都加入了声讨女白领的行列。这一次，诺依曼导师及时制止了大家，教室很快安静下来。

"关于女明星是否'奉子成婚'这件事，我们在这里就不做讨论了。但对于女白领乘车不让座气死老伯这件事，我认为我们有必要从'舆论形成'这个角度好好探讨一下。"诺依曼导师说道。

"我想先问一下，在座的各位有谁是这起事件的全程目击者?"诺依曼导师问道。

一时间,大家似乎被诺依曼导师的问题问住了,很显然,在座的没有人目击整个事件的全过程。

"既然没有人回答,那应该就是没有人全程目击这件事了,既然这样,你们为什么就如此肯定这起事件的错全在女白领身上呢?"诺依曼导师继续问道。

"微博上都有视频啊,好多视频呢,那个女的都和老伯动手了,不是她的错那是谁的错呢?"齐悦显然并不认同诺依曼导师的观点。

"你确定自己看到的是事件的完整视频吗?在与老伯动手之前,在女白领上车之前发生了什么事你们知道吗?"诺依曼导师又发出了一连串提问。

"老师您问这么多问题,是不是想说我们看问题片面了,或者这件事背后另有隐情?"卢方娜直接向诺依曼导师提出了问题。

"至于事件背后是否存在隐情,并不是我关注的重点。说了这么多,我想表达的观点只有一个,那就是围绕着这起事件的舆论并不是经过理性讨论获得的,而是在'意见环境'的影响,或者说压力作用下形成的。大家的表现只是对'多数意见'采取趋同行动而已。"诺依曼导师解释道。

"这个'意见环境'指的是什么?"卢方娜问道。

"你们可以将其理解为'周围意见分布的状况',就是前面我们提到的周边环境。人们会受到'意见环境'的影响,因为害怕被孤立,而选择站到'多数意见'那一边。"诺依曼导师说道。

"您是说我们是受到'意见环境'的影响之后才站到了老伯这一边吗?我并没有感觉到有周边环境对我产生任何影响。"齐悦说道。

"你确定没有吗？我有些怀疑。人们判断'意见环境'的主要信息源有两个：一是所处的社会群体；二是大众传播。在大多数时候，人们更多地会受到大众传播的影响。

"大众传播几乎一手包揽了向人们提供外部世界信息的活动，它通过多种渠道每时每刻不断报道几乎相同的内容。在这种情况下，大众传播是不可能不对人们的意见甚至是舆论产生重大影响的。"诺依曼导师强调道（如图 15-3 所示）。

图 15-3　大众传播影响人们的舆论

"那它究竟是如何影响我的意见的？它提供的视频内容清清楚楚地呈现了当时的景象，这与我们在现场不是一样的吗？"齐悦说道。

"正是因为微博上一条条视频内容的累积，'意见环境'才会产生。当越来越多的指责女白领的话语和视频出现后，微博平台上的'意见环境'就会形成，这时在平台上的大家就会受到'意见环境'的影响，转而站在'多数意见'那一边。"诺依曼导师说道。

"如果这时候在视频下面发表支持女白领的评论，确实会遭到许多人攻击，感觉瞬间就被孤立对待了。"林凯说道。

"由此我们可以说，当前，大众传播一直在影响和制约着舆论，而它的主要手段就是去营造'意见环境'。"诺依曼导师总结道。

第四节　怎样才能跳出"沉默的螺旋"

诺依曼导师的最后一堂课，课堂中早早坐满了学生。经过前面几节课的讲述，大家的兴趣完全被激发出来，了解了"沉默的螺旋"，了解了"意见环境"，接下来大家更想知道怎样才能够跳出这种"沉默的螺旋"，不再被大众传播所制约和影响。

"上面一节课我们讲到了大众传播通过营造'意见环境'来影响和制约舆论，事实上一个传播媒介想要真正对人类的环境认知活动产生影响，需要具备特定的条件。综合前面一节课程的内容，哪位同学能说一说特定条件都有哪些？"诺依曼导师问道。

"持续不断的同类信息轰炸应该算一个条件吧，这种方式最惹人烦。"久不开口的马鹏伟第一个站起来发言。

"循环传播某些同类信息，会产生累积效果，让人们有一种'证据充足、材料翔实'的感觉。"诺依曼导师肯定了马鹏伟的回答（如图 15-4 所示）。

图 15-4　大众媒介加重"沉默的螺旋"

"不同的传播媒介在报道同一事件时,在内容和角度上大致相同。在这种情况下,我很少会去考证这一事件在报道上的真实性。"卢方娜说道。

"内容报道上的高度相似性容易让人产生共鸣,确实算是一种影响人类环境认知的条件。如果许多不同媒介同时报道一条假新闻,在受众眼中,这条假新闻无疑就成了真的。"诺依曼导师补充了卢方娜的回答。

"还有其他答案要补充吗?"即使诺依曼导师再次提问,也没有同学再站起来回答问题了,大家似乎觉得这两方面条件已经足够了。

"其实还有一个重要条件,也会影响人类的环境认知活动。如果媒介信息的获取更为便捷,其所传递的范围更加广泛,也会影响到人类的环境认知活动。正如上节课那位女同学说的一样,有些内容即使你不想看,它们也会千方百计往你的眼睛里钻。"诺依曼导师解释道。

"上述三个条件的存在,使得大众传播媒介对人类的环境认知活动造成了深远影响。很多时候,大家觉得自己是在被平台所影响,但实际上影响你们的是平台上内容的排列手法或是呈现方法。

"在当今社会,那些被大众传播媒介所强调提示的意见,往往会被看作'多数意见'。在大众传播媒介的'意见环境'影响下,多数意见的曝光度会越来越高,少数意见则会受到排挤。现实生活中的人际传播同样如此,代表着'多数意见'的舆论正是在这种情况下产生的。"诺依曼导师继续说道。

"您的这段理论,可不可以用上一节课的例子进行解释呢?"林凯问道。

"哪位同学能够结合我的论述来拆解一下上节课的例子?"诺依曼导师决定让同学们自己来回答这个问题。

"在老伯和女白领事件中,微博平台上大多都是谴责女白领的内容,虽然也有一些是支持女白领,或认为双方都有过错的内容,但'多数意见'还是谴责女白领。随着事件的发酵,微博平台上几乎全是谴责女白领的内容,认为双方都有错的声音少了很多,支持女白领的声音更是戛然而止。后面看到这件事的人,再来看或谈论这件事的时候,基本都是在谴责女白领,因为这样代表大多数,也代表正义,舆论由此诞生了。"李文文回答道。

"那这件事到底是谁的错呢?"林凯似乎并没有跟大家在同一路径上思考问题。

"在这种情况下,谁对谁错还重要吗?哪里还有人会去关注真相呢?"说到这里,李文文的情绪显得有些激动。

"不关注真相我们在这里讨论什么呢?"林凯依然没有跟上大家的思路。

"我们在讨论事情为什么会发展成这样,但至于如何解决已经变成这样的事情,我也没有太好的办法。"诺依曼导师说道。

"难道这种情况没有办法解决吗？"卢方娜问道。

"当我最初研究'沉默的螺旋'理论时，互联网还没有出现，而现在，互联网的普及程度已经如此之深，在互联网虚拟环境中，'沉默的螺旋'依然在发挥着作用。至于我们依靠个人去主动抵消这种作用，试想一下在老伯和女白领事件中支持女白领的结果吧！"谈到这里，诺依曼导师略显无奈地说道。

"如果非要说有什么方法的话，我只希望大家在学习完本周课程后，知道'兼听则明'的道理！"诺依曼导师总结道。

第十六章
马克斯韦尔·麦库姆斯
导师讲"议程设置理论"

在本章中,马克斯韦尔·麦库姆斯导师主要介绍了"议程设置理论"。作为这一理论的资深研究者,他从多个角度介绍了这一理论。无论是媒介传播,还是政府宣传,都可以看到议程设置的影子。针对同学们的提问,麦库姆斯导师还为大家分析了议程设置是否万能的问题,进一步加深了同学们对这一理论的理解。

马克斯韦尔·麦库姆斯

(Maxwell McCombs,1938年12月3日—至今),美国得克萨斯大学新闻学教授,议程设置理论的主要奠基人之一。其从事议程设置理论研究近三十年,对传播学发展做出了突出贡献。

议程设置理论认为,大众传媒可以通过显著增加对某一信息的报道"引导"或"转移"受众的注意,从而达到预期的社会效果。当前,议程设置理论已经涵盖了诸多不同的理论范畴,成为全世界传播学学者共同关注的重要研究领域。

第一节　大众传播的议程设置

"很高兴能够搭上这趟'末班车',成为本学期最后一位给大家讲课的导师。对于我要讲述的内容,大家其实每时每刻都在接触,但在座的各位能否真正感知到,那我就不得而知了。"麦库姆斯导师说道。

"本周我要为大家讲述的内容是'议程设置'理论。当前的大众传播媒介已经无孔不入地渗透进我们的生活之中,无论是工作、学习、生活,还是娱乐,都与大众传播存在着密切的关联。大众传播究竟对我们个人和社会产生了怎样的影响和效果?这些影响和效果又是通过何种方式实现的?这两个问题是我们本周要讨论和解决的问题。"麦库姆斯导师说道。

"这是'议程设置'理论研究的主要内容吗?"林凯问道。

"没错,我们将在'议程设置'理论中寻找答案。"麦库姆斯导师回应道。

"'议程设置'究竟指的是什么?"卢方娜问道。

"关于这一问题,我们首先从字面意思上来理解。我想问大家,从你们早上起床到上第一节课这段时间,有哪些事情是需要你们一一解决的?"麦库姆斯导师问道。

可能是麦库姆斯导师的问题没有问清楚,也可能是大家并没有想到合适的答案,课堂持续了较长时间的安静状态。

"起床之后要解决穿什么衣服的问题,吃什么早饭的问题,叫不叫舍友起床的问题，去不去上早课的问题……"打破宁静的马鹏伟一下子说了很多要解决的问题。

"很好很好，这位同学基本上提到了这段时间有待解决的问题，而且看样子他还没有说尽兴。"麦库姆斯导师的回应引得同学们哄堂大笑。

"相信这位同学的待解决事项也适用于其他同学，对于这些事项，哪些是重要的，哪些是不重要的，哪些是紧急的，哪些是不紧急的，不同的同学应该有不同的看法。可能对女同学来说，穿什么衣服是最迫切最重要的事情，而对男同学来说，吃什么早饭或是去不去上课才是最重要的事情。因此，我们每个人心中其实都有一张'议事日程表'。"麦库姆斯导师继续说道。

"我们需要解决的事件是按照个人想法记录在这张'议事日程表'上的吗？"卢方娜问道。

"没错！每个人的'议事日程表'都中都记录着各式各样的事件，这些事件按照一定的顺序排列。伴随着时间的推移，我们会逐一去解决这个'议事日程表'上记录的事件。"麦库姆斯导师回应道。

"是我们的个人判断决定了'议事日程表'上各事件的排列顺序吗？"卢方娜继续问道（如图16-1所示）。

"可以这么说。每个人对各种事件的重要性和优先性有着自己的判断，他们会根据自己的判断和认识，去安排各种事件在'议事日程表'上的顺序。"麦库姆斯导师说道。

"那这种判断和认识是怎么得来的呢？"卢方娜继续追问。

"我想听一听大家的想法，你们认为这种判断和认识究竟来源于哪里？"麦库姆斯导师又将问题抛给同学们。

"应该来源于个人的经验和阅历吧，这是我们做判断的主要依据。"李文文回答道。

图 16-1　大众传播影响个人议程设置

"也可能有情感上的考量,有的事情不合常理,但出于感性,也有人会去做。"齐悦回答道。

"还有其他答案吗?"麦库姆斯导师继续问道。

面对麦库姆斯导师的提问,没有人作出反应。

"看样子是没有同学回答了,大家应该都比较认可来源于个人经验和阅历这个答案吧。"这一次同学们都对麦库姆斯导师的话做出了回应。

"从个人角度上来说这个答案用在这里没什么问题,但如果我把问题上升到社会生活层面,这个答案是否还准确呢?社会生活中的环境保护问题、通货膨胀问题、边境冲突问题,这些问题的轻重缓急又要怎样去判断呢?这时候个人的经验和阅历依然有用,但明显作用会小许多。"麦库姆斯导师说道。

"我们每个人的视野和活动范围都是有限的,这就使得很多事情无法通过我们的个人经验和阅历去进行判断。我们关于当前大事及其重要性的认识和判断,更多的来自大众传播媒介。它是我们重要的信息来源,但同时也是我们重要的影响源。"麦库姆斯导师解释道。

"这就是'议程设置'理论想要说明的事情,下一节课我将为你们详细解释这一理论。"麦库姆斯导师总结道。

第二节　为什么我们会多次看到相同的新闻内容

"1968年美国总统选举期间,我和同时曾在北卡罗来纳州的查珀尔希尔进行过一项调查研究。"麦库姆斯导师说道。

"这是针对大众媒介传播效果的研究吗?"林凯问道。

"当时我们的主要目的是了解大众传播媒介的选举报道对选民造成的影响,从结果上来看,就是提出了'议程设置'理论。"

麦库姆斯导师说道。

"当时这项研究主要包括两方面的内容：一方面是对选民进行抽样调查，其目的是了解他们对当前美国各种问题及其重要程度的判断和认识；另一方面则是对不同大众传播媒介在当时的政治报道进行内容分析。

"当将这两方面工作进行比对分析时，我们惊讶地发现，选民对当前重要问题的判断与大众传播媒介反复报道的问题之间，存在着非常紧密的联系。"麦库姆斯导师强调道。

"是大众传播媒介的新闻报道吸引了选民的注意力吗？"卢方娜问道。

"事情远不止吸引选民注意力这么简单，我们发现那些大众传播媒介广泛报道的内容，在公众的判断和认识中成为'大事'。而越是大众传播媒介着重强调的内容，选民对这些内容的重视程度也就越高。"麦库姆斯导师说道。

"这不是很正常的事情吗？"林凯疑惑地问道（如图16-2所示）。

"这正常吗？我觉得这很不正常。这位同学你知道为什么我们会在大众传播媒介上多次看到相同的新闻内容吗？"麦库姆斯导师向林凯提问道。

"那肯定是这些新闻比较重要啊。"林凯回答道。

"难道别的新闻就不重要吗？为什么单单多次报道这一类新闻呢？"麦库姆斯导师继续问道。

"别的也重要，但肯定是被多次报道的更重要。不然新闻也不会多次报道。"林凯已经不知道怎么回答麦库姆斯导师的问题，只能翻来覆去论述重要程度的问题。

"在判断一件事情是否重要时，我们是应该根据传播媒介报道的频次来判断，还是根据事件本身的内容来判断呢？"麦库姆斯导师提出了新的问题。

图 16-2 "议程设置"的诱导影响

"肯定是根据事件本身的内容来判断。"卢方娜给出了准确的回答。

"很好，这样做是正确的，但很多时候，我们很难做到。通过上面的研究，我和同事发现，大众传播具有帮助公众设置'议事日程'的功能，大众传播媒介通过反复的新闻报道和信息传播活动为各种'议题'赋予重要性，这种方式始终在影响着人们对社会事件及其重要性的判断。"麦库姆斯导师强调道。

"这样说来，我们在网络上看到的很多信息其实都是无关痛痒、并不重要的,是大众传播媒介的报道为它们赋予了重要性喽。"马鹏伟说道。

"试想一下,网络上报道的'某天深夜,两男子酒后互殴,啤酒瓶子碎一地'的新闻,对大家而言有何重要性可言?"麦库姆斯导师说道。

"这条新闻告诉我们'深夜不喝酒,喝酒别打架'的道理。"马鹏伟又开始了无厘头的玩笑。

"那为什么不报道一条'某天深夜,两群男子酒后互殴,啤酒瓶子碎一地'的新闻呢?从人数和影响上看,这种新闻的重要性不是更高吗?"麦库姆斯导师似乎也开起了玩笑。

"当时有这种新闻吗?"马鹏伟显然没想到麦库姆斯导师会如此回答,他只得小声回应道。

"相比于那些通过大众传播媒介报道的新闻,那些没有被大众传播媒介报道的新闻,在重要性上就一定差吗?很显然并不是这样的,只不过是大众传播媒介为报道的新闻赋予了某些重要性,随着报道频次的增多,其为某些新闻赋予的重要性也会不断增多。"麦库姆斯导师强调道。

"大众传播媒介就是通过这种方式来为我们安排'议题'的吗?这样说来,那微博热搜不就是一种'议事日程表'吗?"齐悦如打通任督二脉一样,瞬间理解了麦库姆斯导师的理论。

"据我所知,微博热搜是根据受众的点击量来对热点排序的,但现在不是有'买热点'的说法吗,明星可以花钱把有关自己的事件炒热,冲上微博热搜第一位,这样他在社会上的重要性就凸显出来了。看上去很荒谬,但你们应该经常会遇到这种情况吧。"麦库姆斯导师略显无奈地说道。

"这样来看,这种'议程设置'理论还真是可恶,这不是在诱导我们吗？"齐悦愤愤地说道。

"'议程设置'理论是客观存在的一种理论，并没有好坏之分。在很多时候，它也有正向的社会价值的，这一点，我们留到下一节课再来讲述。"麦库姆斯导师总结道。

第三节　政府需要借助传媒来推广宣传

"'议程设置'在一些时候也有一定的社会价值，这一点主要体现在政府的媒体宣传上。在介绍这一内容之前，我们再继续谈论一些'议程设置'理论的深层次内容。"麦库姆斯导师说道。

"关于大众传播媒介对社会成员的环境认知活动的影响这个问题，有很多传播学者进行过研究，李普曼的'拟态环境'是相对比较早的研究探索，其与'议程设置'理论在某种程度上有着相似之处。"麦库姆斯导师继续说道。

"是因为'议程设置'理论也在塑造一种虚拟的环境吗？"在麦库姆斯导师停顿的时候，李文文问道。

"为什么你会这么认为？详细说一说你的观点。"麦库姆斯导师对着李文文说道。

"根据前面几节课的学习，我认为'议程设置'理论表明了大众传播媒介始终在塑造着一种'拟态环境'。比如经常报道打架斗殴事件，就会让受众形成一种自己身边比较危险的印象，但实际上他们看到的新闻内容并不是自己现实生活中发生的事，或者说是远隔自己千里之外发生的事，不会对自己的生活造成实质影响。从结果上来看，大众传播媒介重新塑造了我们生存的环境。"

李文文详细说明了自己的想法。

"但大众传播媒介报道的确实是现实中发生的事情啊，如果它们进行虚假报道，肯定是不对的，但如果它们只是如实报道真正发生的事情，那受众怎么去想，与大众传播媒介又有什么关系呢？"林凯似乎并不认同李文文的观点。

"一只南美洲亚马逊河流域的蝴蝶偶尔扇动了几下翅膀，就在两周后引起了美国得克萨斯州的一场龙卷风。蝴蝶是有意的吗？我们只是在强调一些行为的可能结果，并没有追究对错问题。"李文文针锋相对地予以回应。

"那也跟大众传播媒介没有关系。"林凯的回答表示他放弃了这次辩论。

"我所提到的'议程设置'理论其实揭示了一种媒介观，其表明大众传播媒介并不是一面镜子，它并不会用'镜子'一样的方式反映所有客观世界发生的事，它们在进行报道时更多的是在进行一种有取舍的选择活动。

"不同的大众传播媒介拥有不同的价值观和报道方针，它们会在现实世界中发生的事件中，选择那些它们认为重要的内容进行加工整理，然后再通过'报道事实'的方式把这些内容提供给受众。这看上去似乎无可厚非，但实际上，其中隐藏着一个很危险的因素。"麦库姆斯导师强调道。

"现代人大多都从大众传播媒介中获得信息，无论媒介所报道的'事实'是对社会现实的直观反映，还是对社会现实的歪曲反映，都会对社会成员的环境认知活动产生影响。"李文文说道。

"没错，正是如此，这也是'议程设置'理论关注的内容。现在回归到'议程设置'的社会价值这一点上，哪位同学可以谈一谈政府利用'议程设置'理论的例子？"麦库姆斯导师问道。

"比较常见的就是政府经常会通过大众传播媒介宣传一些爱国英烈的事迹,还有很多普通人的爱国故事,一些频道每天都会播放这些内容。在一定程度上,这也算是一种'议程设置'了吧!"卢方娜说道。

"没错,除了这种比较明显的报道宣传外,还有很多并不显著的宣传内容。一些政府通过'议程设置'理论来开展舆论宣传,引导舆论沿着正确的方向发展,这对于维护社会稳定具有重要的意义。"麦库姆斯导师说道。

"另外,如果政府控制媒介宣传法西斯独裁思想,那人民不同样会受到影响吗?"马鹏伟问道。(如图16-3所示)

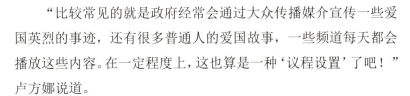

"当然,在过去的世界历史中,这种例子比比皆是。但大家需要清楚,'议程设置'理论对人们的环境认知活动的影响是间接的,它不会直接指挥人们去做些什么,更多时候它是通过累积和引发共鸣的效果,来影响人们行动的。"麦库姆斯导师解释道。

"这么说我们也没必要太过纠结于这一理论的内涵,只要尽量不受到它的不良影响不就好了吗?"林凯问道。

"相比于其他探讨大众传播的影响和效果的理论,'议程设置'理论是相对独特的。一方面,它并不是立足于某一次大众传播媒介的某一个新闻报道而产生的短期效果而开展的,它关注的是整体的大众传播媒介在较长时间内持续性报道所产生的中长期、可持续性的效果。另一方面,就是上面我们提到的'环境重构'对人们的影响。

"我们没办法刻意回避大众媒介对我们的影响,我们只要了解其发生作用、产生影响的原理就好了。没有哪一种理论所产生的效果是万能的,人类社会始终在发展进步。"麦库姆斯导师总结道。

图 16-3 政府会借助传播媒介进行宣传

第四节　议程设置功能并不是万能的

"在'议程设置'理论出现之前,大众传播效果研究始终受到'有限效果论'的影响。'议程设置'理论的出现揭示了大众传播媒介的有力影响,将大众传媒效果研究从束缚中解放了出来。这也是'议程设置'理论的价值所在。"麦库姆斯导师说道。

"在前面几节课里面,您介绍了很多'议程设置'理论的内容,但关于大众传播媒介究竟是怎样设置'议程'的,您并没有提到,可以给我们详细讲一下这方面的内容吗?"李文文提出了一个重要的问题。

"你问的这个问题很好,它是重要的,但理解起来也比较困难,所以在讲课中我故意滤掉了这些内容。既然你提出了这个问题,那我就简单介绍一下。"麦库姆斯导师解释道。

"想要了解大众传播媒介是如何设置'议程'的,我们需要首先了解大众传播媒介对信息的采集和加工过程。简单来说,就是一版报纸是如何筛选新闻内容的。大众传播媒介在报道新闻内容时,会受到一些因素的影响与制约。至于究竟有哪些因素在起作用,我想先听听大家的答案。"麦库姆斯导师在解释过程中抛出了一个问题(如图16-4所示)。

图16-4 大众传播的"议程设置"魔力

"最直接的就是报纸的时效和版面限制。如果是新闻的话,那就是时长限制。"林凯第一个回答道。

"除了版面和时长,应该还有记者编辑们的价值观和个人意识。"齐悦补充道。

"这两方面因素都没有问题,还有要补充的同学吗?"麦库姆斯导师问道。

"并不是什么新闻都能上报的,有些东西是不能播的。"马鹏伟回答道。

"很好,将其表述为报道内容要符合社会文化规范和价值标准要更好一些。"麦库姆斯导师评价道。

"上面这些方面的因素就是影响和制约大众媒介报道内容的重要因素,这也是为什么社会上发生了那么多事,有的事登上了报纸,而有的事却没有登上报纸的原因。但一个完整的'议程设置'过程远没有这么简单,其背后还有更深层的因素在发挥作用,这一点应该是你们大多数人想不到的。"麦库姆斯导师说道。

"是政治方面的因素吗?"李文文问道。

"不仅仅是政治层面,还涉及经济和意识形态等方面的因素,更要搞清楚占统治地位的信息源与传播媒介的关系。简单来说,'议程设置'其实是舆论导向的一个重要阶段,至于谁来导向、怎样导向,就是更加宽泛的问题了。所以大家只要记住前面提到的一些因素就可以了。"麦库姆斯导师似乎不想再深入讲解其中的内容。

"我们知道,传播效果形成需要经历认知、态度和行动三个不同阶段,'议程设置'理论主要关注的是认知阶段,而认知阶段的传播效果与态度阶段的传播效果是完全不同的。"麦库姆斯导师继续说道(如图16-5所示)。

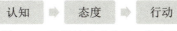

图 16-5　传播效果形成的三个阶段

"是内在与外在的区别吗？"卢方娜问道。

"具体来说应该是'想什么'和'怎么想'的区别。在认知阶段，大众传播媒介主要是通过告诉人们'想什么'，然后把人们的注意力引到特定问题上。而在态度阶段，大众传播媒介则会通过告诉人们应该'怎么想'，来强化或改变人们的看法。'议程设置'理论更多表现在认知阶段，而不会过多涉及态度阶段或行动阶段。"麦库姆斯导师解释道。

"也就是说，在影响人们行为方面，'议程设置'的效果其实是有限的，对吗？"卢方娜继续问道。

"我觉得说是'基础的'要更为贴切一些，'议程设置'带来的累积效果将会对态度和行动阶段造成重要影响。如果没有这一阶段的累积，传播效果想要实现也没有那么容易。试想如果你要说服一个人改变想法，你是不是要先摆事实、举例子，做好铺垫后再进行劝说呢？"麦库姆斯导师说道。

"确实是这么回事。"卢方娜回应道。

"在当前我们生活的互联网时代，这种'议程设置'功能是不是在逐步弱化呢？因为我们可以通过互联网获得更多不同角度的同类信息。"李文文又提出了一个颇为复杂的问题。

"这种'议程设置'功能本就不是万能的，但在当今时代就认为这种功能消退了，未免有些为时过早。你们在前面的课程中应该学习过'数字鸿沟'的内容，从那一理论来讲，当前依然有很多人不会使用互联网，这会导致他们与其他人的差距越来越大。'议程设置'理论对这类人的影响还是比较大的。"麦库姆斯导师说道。

"而从另一角度来说,当前互联网上的信息碎片化越来越严重,每个人都可以作为信息源去发布信息,但你能确定他们所发布的信息不是在为你设置'议程'吗?你可能依靠信息来源多元化过滤掉了一些他人为我们设置的'议程',但也可能又因此进入新的'议程'之中。"麦库姆斯导师解释道。

"那这样看来,在互联网时代,'议程设置'的功能也随之发展了。"李文文说道。

"从当前来看,与其说传统大众媒介的'议程设置'功能在不断衰退,倒不如说在新的大众传播媒介加持下,'议程设置'理论发生了新的改变。当然,这一点就要靠你们去发现了,因为现在正是你们的时代。"麦库姆斯导师总结道。

参考文献

[1] （美）威尔伯·施拉姆，（美）W.E.波特.陈亮等，译.传播学概论[M].北京：新华出版社，1984.

[2] （美）威尔伯·施拉姆.金燕宁等，译.大众传播媒介与社会发展[M].北京：华夏出版社，1990.

[3] （美）沃尔特·李普曼.阎克文，江红，译.公众舆论[M].上海：上海人民出版社，2002.

[4] （德）库尔特·勒温.高觉敷，译.拓扑心理学原理[M].北京：商务印书馆，2011.

[5] （美）保罗·F.拉扎斯菲尔德，（美）伯纳德·贝雷尔森，（美）黑兹尔·高德特.人民的选择：选民如何在总统选战中做决定（第三版）[M].北京：中国人民大学出版社，2012.

[6] 朱月昌.拉斯韦尔模式与广告传播[J].厦门大学学报（哲学社会科学版），1995（02）:117-120.

[7] 李亚.当下网络热词的传播过程分析——基于拉斯韦尔的5W模式[J].佳木斯教育学院学报，2013（05）：37-38.

[8] 梁宁.大众传媒的消极影响与青少年犯罪——以拉斯韦尔的大众传播功能为视角[J].新闻记者，2013（04）：83-86.

[9] （美）哈罗德•D.拉斯韦尔.张洁，田青，译.世界大战中的宣传技巧[M].北京：中国人民大学出版社，2003.

[10] （美）卡尔•霍夫兰，（美）欧文•贾尼斯，（美）哈罗德•凯利.传播与劝服——关于态度转变的心理学研究[M].北京：中国人民大学出版社，2015.

[11] （美）卡尔•霍夫兰.大众传播实验[M].北京：中国传媒大学出版社，2015.

[12] （加）马歇尔•麦克卢汉.何道宽，译.理解媒介 论人的延伸[M].北京：商务印书馆，2000.

[13] （美）梅尔文•L.德弗勒，（美）鲍尔-洛基奇.杜力平，译.大众传播学诸论[M].北京：新华出版社，1990.

[14] （美）罗伯特•艾兹拉•帕克.陈静静，展江，译.移民报刊及其控制[M].北京：中国人民大学出版社，2011.

[15] （荷）丹尼斯•麦奎尔.麦奎尔大众传播理论（第6版）[M].北京：清华大学出版社，2019.

[16] （法）加布里埃尔•塔尔德，（美）特里•N.克拉克.何道宽，译.传播与社会影响[M].北京：中国人民大学出版社，2005.06.

[17] 高明.在实践中成为文化研究者——读霍尔的《两种范式》与《理论遗产》[J].德州学院学报，2019，35（01）：54-58.

[18] 郭镇之.乔治•格伯纳及其"电视教养"理论和"文化指标"研究[J].国际新闻界，2006（01）：48-50.

[19] （德）伊丽莎白•诺埃勒-诺依曼.董璐，译.沉默的螺旋：舆论——我们的社会皮肤[M].北京：北京大学出版社，2013.

[20] （美）马克斯韦尔•麦库姆斯.郭镇之，徐培喜，译.议程设置：大众媒介与舆论[M].北京：北京大学出版社，2008.